藏在塔羅裡的占卜符碼

天空為限—著

【推薦序1】

化繁爲簡，以科學精神來解譯神祕學

程宗楷
前台灣區諾基亞總經理，現任大中國＆韓國區零售總監

該怎麼形容天空爲限呢？她是一個眞實的人，是一個對神祕學有獨特認知的人，一個神祕學的奇才！

沒見過天空之前難免對研究神祕學的人有點刻板印象，等認識天空之後，則是一連串跌破眼鏡的過程。首先驚訝於她的年輕，而她富有個人特色的打扮與直率眞實的言行也讓人耳目一新，她對於占星與塔羅的瞭解更是遠超過我們可以想像的程度。而等到稍微對天空熟悉一點的時候，在自認爲瞭解她的套路時，她又天外飛來一筆地改變了她的風格。她就是這樣的不典型。

跟她聊神祕學的時候，你會發現，她對於神祕學的理解近乎天才（之所以用近乎，是不想讓天空太得意忘形）！當她講解占星或塔羅時，她坐定一開口就是滔滔不絕的豐富神祕學知識與獨特理解，不需要講義，不需要準備，沒有任何思考的停頓，中間連喝口水休息都不用！她在你眼前就織出一張緊密的網，邏輯前後呼應，一氣呵成，再難以釐清的複雜世界，都被她解釋得輕

易，讓你幾乎要以爲這些根本是常識！

而實際占卜或解盤的時候，我認爲這更是天空無人能敵的強項。當所有人還在拆解所有符號、辨識每個符號所代表的意義，試圖產生一加一等於二的結論時，天空已經在極短時間內直達結論，你以爲那應該是來自於直覺吧！但聽她倒推解題的過程，每一個線索都有嚴謹的解釋，更讓人不得不拍案得佩服。

就像是我們進入一間裝滿知識的倉庫，準備按著線索沿走道查找目標，天空爲限站在門口用一個瞬間移動就抵達存貨的貨架前！

在生活上，她也是一個眞性情的人，面對自己的執著她從不僞裝，她很大方的讓世界知道她也是個平凡人，擁有跟我們一樣的煩惱，因此天空不會在神祕學的實際運用上故弄玄虛，可以說是以科學精神來使用神祕學所提供的工具，這一點在我看來非常有趣。這樣的眞實，也是讓我對她最爲信任的一個因素。

天空的第二本書終於要出版了，像這樣的奇才寫的每一本書都可以是研究神祕學的第一本書，也可以是研究神祕學每一個階段都應該要回顧的一本書，裡面充滿天空以獨特視線穿透的神祕世界的解答，可深可淺，就端看你能接收多少。

【推薦序2】

這不是塔羅書，而是一本塔羅祕笈

夢洗
占星老師、兩性關係諮商老師、FG百大部落客

塔羅牌的世界觀，套句我從漫畫《棋靈王》中看過，川端康成爲圍棋所題書法「深奧幽玄」絕不爲過。

深奧幽玄是形容一種學問之博大精深難以一窺全貌，甚至用盡畢生之力去研究，仍有可能探究不完；對我而言，塔羅牌正是一門深奧幽玄的學問。

一般塔羅初學者最痛苦的階段，應該就是要努力吃掉大阿爾克納共二十二張，小阿爾克納含權杖、錢幣、聖杯、寶劍一到十，加上國王、皇后、騎士、侍從共五十六張，全套共七十八張的牌義了吧？在這個階段不少記憶力欠佳的朋友可能就會卻步，而乾脆只以欣賞卻非實用的角度來學習塔羅牌。但是任何龐雜的學問其實都有「捷徑」可抄，但是能找出這個最短捷徑的人，必定是要先對於地圖的全貌有充分透徹的瞭解，才能夠爲探索塔羅世界的旅人指出一條最快通往精進之路。

而我認爲天空爲限是眾多占星塔羅老師當中，少數能將複雜學問「邏輯縝密、化繁爲簡」的天才，對於占星學深入淺出的剖析，她已經在第一本著作《十二星座都是騙人的？》中小試身手，讓廣大對於占星學有興趣的讀者不必硬啃死背一堆繁雜的條文欄目，而能夠透過神話的暗喻及聯想，以及天文學的相關資訊中去結合占星學實證，眞的是一本既輕鬆易讀好吸收，又能加強記憶點舉一反三的最佳占星入門書。

我還記得當年我甚至還沒有認識天空本人，就先被她的占星書折服了；等到認識她、慢慢因志同道合成爲朋友；更是爲她本人集合聰慧與感性、犀利與溫柔的內涵所吸引，得此益友，眞的也爲我的占星學及塔羅牌探究之路，有如得了千軍萬馬之助啊！

這次天空終於要推出萬眾期待的塔羅書了，身爲朋友的我有幸趕在眾多引領盼望的讀者前拜讀，天空的塔羅書與坊間不同之處在於，不但結合了四大元素分析法，更結合了數字學（類似生命靈數）的分析概念，而她身爲占星老師的身分，更將占星學架構融會貫通於塔羅牌的解牌實例中，閱讀中我往往爲天空本身專業素養所導引出的解牌妙法拍案叫絕，當然自己也因此手癢，嘗試了不少書中所述的解牌法，對於以往自己慣用的偉特牌組，竟然也有了全新的看法及領悟！

先偷偷透露一點天空的祕訣：

「如果你看到一整副牌，卻不知道從何解起，最好的辦法就是找出這副牌中，每一張牌之間最大的共同點。」這個原則，不管套用在分析塔羅牌或者解讀占星命盤都可以適用。

這段話眞是提綱挈領，也爲對解大牌陣相當棘手的我指出一條明路。其實，大家都知道命理數卜之學的準確性在於老師的經驗及歸納分析整理的能力，一針見血往往才會讓人大呼：「好準喔！」講了十幾條中的一條，就會感覺很遜；而看了天空的塔羅書，一定可以幫助讀者從根本鍛鍊「抓重點」的能力，就算你是塔羅初學者，不用死背硬記牌義，只要跟著天空的案例一則則看下去，你也能把塔羅牌的邏輯內化，練就一身不需拘泥於牌義，而能從「元素別」、「數字別」、「不依賴正逆位，重視牌的本質」去簡單、迅速、確實解牌的功力。

眞心推薦這本天空毫不藏私，分享給廣大塔羅愛好者的「武林祕笈」！

【推薦序3】

一個眞正看到塔羅牌「本質」的占卜師

May Kung
曾任行銷活動公司北京營運總監、教育訓練專業講師

自從天空第一本看似叛逆、實則是回歸占星基礎本質的書籍出版，我就引頸期盼第二本書的主題，得知將以「塔羅牌解讀分析」爲主，讓我激動不已。畢竟台灣對最常見的塔羅牌義介紹的書籍數量眾多，對解牌的介紹卻幾近空白，這下子台灣不只要有一本介紹專業級解牌的書籍，更讓人驚喜的，這本書不是翻譯作品，而是由我們台灣占卜師自己寫的！內容也不拾任何原文書的牙慧，十足十是原創。這樣的消息讓人既驕傲又開心！

作者「天空爲限」在台灣的占星與塔羅圈子已經積聚了一定的名氣與實力，無論是教學或實占都是她的強項，並且擁有她獨特的風格。有幸身爲她的學生，這幾年體驗了她的占星與塔羅兩種專業的熏陶，甚至實占方面我也多次是她的客戶，我想我很有資格來談談天空的特點。

天空爲限到底有什麼特別，這本書又有什麼賣點呢？

我認爲天空是眞正看到塔羅牌「本質」的占卜師。相信大家應該記憶猶新，若干年前台灣改

革了傳統的數學教育，以當時備受爭議的「建構式」教學方式替代了填鴨。雖然實施沒多久就黯然結束，但癥結是台灣執行教學方式並沒有落實建構精神。建構理論是鼓勵學習者從「過程」中自己找尋自己的解決方式，而不是沿用一套相同的解決方法。如同背誦九九乘法表運用到計算上，實際上九九乘法表是數學運算的「基礎」嗎？這算是一個捷徑吧，如果你接觸數學就是從套路進行，每一個公式都有一個目的，你怎麼有興趣自己去摸索數學背後所蘊含的強大力量？

如果我們說數字本身是數學的基礎，那我們總是跳級學習得太快，還不理解數字就進入運算。由數字建築出來的數學如此宏偉，我們想接近卻只習得一招半式，所以我想癥結點就是我們從來沒有關注過數字本身。

天空就是一眼看穿塔羅牌全貌的人。所以她不執著在牌義關鍵字，不執著牌陣，也不執著正逆位（不執著並不代表她不在乎或不懂）。若是一場占卜，一張牌所包括的元素就足夠她不斷深入探究任何一個問題，把正負面因素說個仔細，這樣看似神通的能力，其實只不過來自對每一張牌的透徹理解。

當然我以建構數學的比喻一定不夠完整，但我想強調一個重點：建構式的教學特點是你在生活中絕對可以運用，而且一定不會忘記怎麼計算！因爲是來自於對每個數字的認識，而不是死背！這就是我推崇天空的一大原因，一旦你跟著天空腳步認識了塔羅牌，再也沒有似是而非、面目模糊的認識，你再也不會把任何一張塔羅牌弄混！這就是天空爲限的塔羅魔力！

這本書延續了天空第一本書《十二星座都是騙人的？》的風格，每一張塔羅牌都用最直白不掉書袋的方式講個明白，但若因此將這種友善淺易的書寫風格視為天空的實力程度，那讀者可錯失了眞正理解塔羅牌深度的機會。

畢竟眞正的大師不會刻意故弄玄虛，只有深刻理解了一件事物，才有能力將之說得簡單明瞭，淺顯易懂。

天空在這本書中不但要分享她對每張牌的建構分析，還要大方公開她的理解過程，可以說是從基礎介紹到建材，再從建築分析到建築風格。更搭配了許多眞實案例，這些一般占卜師都不見得可以掌握到的祕訣，就在你手上這本藏寶冊完整揭露！

此外，她在這本書中展現了由淺入深運用自如的功力，想入門的朋友可以對塔羅牌有清晰的認識；想進階的朋友可以利用建構塔羅的方式學習應用解牌；已經對塔羅牌理解深入的讀者，則可以乘著天空如一陣風的視角，換個角度重新認識塔羅牌。此書之出版，可以說是完美地豐富了台灣對塔羅解牌著作的一塊空白！

那麼究竟是我這個導讀說得太溢美，抑或是天空只擔了虛名呢，只等讀者您自己翻開書頁探究才能得知了。

【作者序】

從原型概念拆解塔羅牌義

諮商、教學了這些年，常常會發現有些對塔羅牌研究許久的學員，講起牌圖上的每個象徵頭頭是道，但要針對問題把牌義做出貼近「事實面」的解讀時，能講的資料卻少得可憐，或是用自己的想像力隨便發揮，與抽出來的牌面沒有多少關聯。再者，塔羅牌有上千種不同款式，每一副的表達手法不盡相同，解讀上有難有易，導致常常有人以為塔羅之間的牌義都不一樣，卻忽略了同樣的序號一定有同樣的含意本質。一旦換了牌，就會在理解上出現困難，甚至解得很偏頗。

我在解構塔羅牌時，採用的是從整個系統結構上去理解的方式，所以不管塔羅牌換了幾種表達手法，都建議應該抓到最核心的意義，也就是塔羅牌的「原型概念」，再加上創作這副牌的人所加入的獨特元素，那麼很快就能抓住最正確的意思了。因此這本書雖然以偉特牌來輔助說明，但實際上是一本不分牌種的通用塔羅牌書。

現在市面上介紹每個牌圖細節含意的塔羅相關著作已經很多，所以本書會盡量避開牌圖及自由聯想的部分，而是希望建立起一套塔羅牌最原始的邏輯概念，讓大家能在遇到不同牌種時，不會因為牌圖變化而誤解牌義。本書也可以視為進階書，重點在解牌技巧的加強，因此對於牌義的解釋，不立關鍵字也不做制式結論，著重在於把牌義的核心本質拿來跟四大元素進行對照說明。

另外，本書對於塔羅牌義以及後半部的解牌範例，先不採逆位說明；並不是逆位絕對不需要，而是爲了要加強四大元素間相生相剋的熟悉性，我希望讀者可以把問題本身與牌面上的元素作比對，再將牌陣中不同牌的元素屬性也歸納分析，得出一張牌的吉凶，不要被牌面限制太多，或只拿正逆位來判斷吉凶。以元素生剋來判定吉凶，才不會在出現矛盾時，例如在「建議」位置抽到負面牌圖的牌，或是在「問題」位置抽到一張看起來很美好的牌時，就不知道該如何解釋。

解牌技巧會是本書的核心重點。因爲我接觸到的占卜愛好者中，可能受了國外翻譯書或大量塔羅牌義「關鍵字」的影響，解起牌來幾乎都像在玩文字遊戲，詞彙很漂亮，卻敲不到問卜者現實狀況的重點。我常常說：「字面上的合理解釋一點意義也沒有。」而是必須根據問卜者的問題重點，進行生活化的解釋才正確。

塔羅牌面上的各種神祕學學問，確實讓人入迷，但並不是每個人的整合能力都很好，有時過多的資訊反而會造成判讀上的混亂。因此在本書中，我建議大家先回歸源頭，從塔羅牌架構上去找出牌義本質，其他神祕學元素則拿來做後續的加強描繪，免得一團東西塞進腦袋裡，講得出洋洋灑灑的複雜理論，卻無法在簡單的小問題上令人心服口服。

塔羅牌的理解途徑有很多，希望這本針對四大元素及數字的書能給讀者當一個「錨」，有了基本概念後，在可靠的邏輯基礎上才能發揮出精確的直覺與聯想能力。

目次

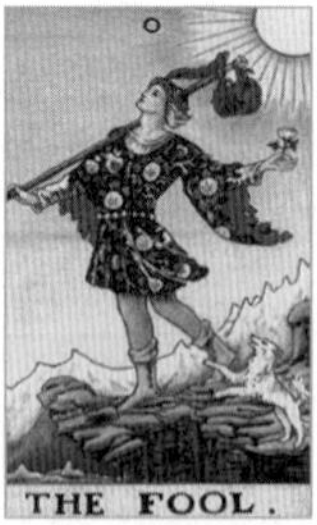

0
THE FOOL.

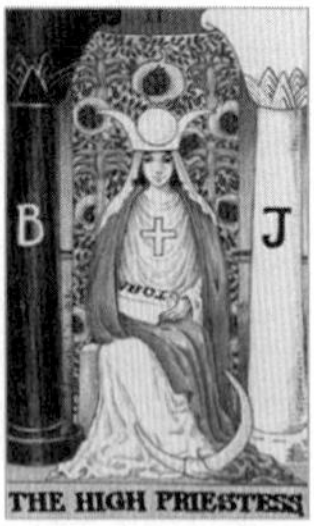

B
J
THE HIGH PRIESTESS

XXI
THE WORLD.

XIII
DEATH.

THE HANGED MAN.

X
WHEEL of FORTUNE.

第二部 小阿爾克納數字牌 103

PART 1

大祕儀（大阿爾克納）

傳統上塔羅牌有七十八張牌，由兩種不同的牌組所組成，分別代表「聖」及「俗」兩種相對的境界。大祕儀（大阿爾克納）代表聖、天界、抽象而偉大的觀念，由二十二張沒有花色的牌組成。

大祕儀與四大元素

坊間有很多塔羅書，附上的塔羅牌只有二十二張，這二十二張塔羅牌就稱爲「大祕儀」或「大阿爾克納」，包含在完整的七十八張牌之中。一整副的塔羅牌是由二十二張大阿爾克納，以及五十六張小阿爾克納組成。

塔羅牌占卜公認的說法是，大阿爾克納偏向於精神與靈魂層次的解讀，影響的範圍較大；而小阿爾克納則偏向實際發生的狀況，影響的範圍較小。這是因爲大阿爾克納的人物都是以歷史人物或神話人物爲原型，有人格、心理、社會定位等多方面的資料可供參考。

一言以蔽之，我個人認爲大阿爾克納比較像是東方人說的「大運」，也就是從整體來說目前問卜者的「狀況、氛圍」究竟如何；而小阿爾克納確實是在點出會發生的「事件」。舉例來說，如果大阿爾克納出現一張代表貧窮的牌，但小阿爾克納卻出現富裕，那麼以大阿爾克納爲主，就可斷定占卜者的財務狀況很不理想，而小阿爾克納牌所代表的財富，可能是他可以常常受到朋友的幫助或接濟，在貧窮的狀況中，已經算是比較好過的了。這只是舉例，在不熟悉每張牌的作用時，可以用這個原則來給自己一個較爲明確的方向。等熟悉牌陣的運用後，每個人都會有自己獨到的見解與詮釋手法，不用太拘泥於大小阿爾克納的分別。

大阿爾克納與四大元素的關係

大阿爾克納的二十二張牌各具有地水風火四大元素的特質，依據神祕學組織「金色曙光」的法則，每張大阿爾克納都對應到一個占星學符號，以愚人牌來說，對應的是天王星，而天王星屬於風元素，因此愚人牌被視爲風元素牌。

以下是大阿爾克納、對應星體與四大元素一覽表：

大阿爾克納牌	對應星體	四大元素
0 愚人牌	天王星	風元素
1 魔術師牌	水星	風元素
2 女教皇牌	月亮	水元素
3 女皇牌	金星	風＋土元素
4 皇帝牌	牡羊座	火元素
5 教皇牌	金牛座	土元素
6 戀人牌	雙子座	風元素
7 戰車牌	巨蟹座	水元素
8 力量牌	獅子座	火元素
9 隱者牌	處女座	土元素
10 命運之輪牌	木星	火元素
11 正義牌	天平座	風元素
12 倒吊人牌	海王星	水元素
13 死神牌	天蠍座	水元素
14 節制牌	射手座	火元素
15 惡魔牌	魔羯座	土元素
16 塔牌	火星	火元素
17 星星牌	水瓶座	風元素
18 月亮牌	雙魚座	水元素
19 太陽牌	太陽	火元素
20 審判牌	冥王星	水元素
21 世界牌	土星	土元素

0 愚人牌 The Fool

元素　風　風元素在這張牌顯示的特質：不定型、沒有特定目標、不受任何限制、隨心所欲、無法預測、沒有個人經驗的包袱。

數字　0　數字0有兩個極端意義：一是什麼都沒有；二是有無限的可能性，什麼都可以從中創造出來。所以0可能被放在1之前，也可能被放在9之後，就像一個不受任何束縛的人，可以大巧若拙，也可以弄巧成拙，完全沒有軌跡可循，也不宜論斷吉凶。

牌義

愚人象徵一個人在什麼都沒有的時候，就像一個人的嬰幼兒時期，因爲還聽不懂任何管教，所以勇於嘗試、不受限制，想做什麼就做什麼，好奇心旺盛，又沒有任何顧慮。嬰幼兒這樣的特質，會開啓他對這個世界的認知，發展他的天分，但也可能招致災禍；畢竟，會毫不猶豫地坐著學步車衝下樓、由高處往低處掉下去，或是面不改色地把手伸向滾燙的鍋子，都是嬰幼兒才會做的事，因爲「不懂」就會沒有任何害怕、考慮及遲疑，什麼都敢做。

所以愚人的公認牌義，其性質都不脫「**自由自在、冒險心強、沒有任何計畫、不按牌理出牌、無法預測**」這些重點。

但是有些人會把這些特質延伸解釋成爲「有創意」，但有創意還是太輕描淡寫了點，不足以表達愚人那股什麼都不在乎的勇氣。我認爲愚人牌是具有推翻一切的「革命精神」（雖然也有可能是天兵），而非只是有創意。此外，這張牌是風元素，表示愚人牌不僅在生活、物質上沒有任何負擔，在心態上也是一樣自由的。比如我們一般人會被責任、道德感束縛，但是愚人牌不會有罪惡感，所以一旦不在乎這些的人，就是完全自由，他的未來可能大好、也可能大壞，或者發展出一段沒有其他人經歷過的人生。

解牌說明

我有一個朋友，抽某個人生牌陣①時，在「父親」的位置抽到了一張愚人牌，讓大家大吃一驚。因爲愚人實在是不適合任何與責任扯上關係的身分，何況是當爸爸。後來經由她的解說，發現確實是如此，她是由伯父伯母撫養長大的，爸爸是職業騙子，從小就沒有盡到父親的責任，她都是從新聞中看到爸爸犯下了案子時，才知道「爸爸最近在做什麼」。

但她爸爸騙人，通常金額都只是一筆夠他吃喝玩樂一陣子的數字，或是白吃白喝，作案後就

①人生牌陣是脫胎於占星學的黃道十二宮，每個宮位象徵人生中不同的面相，例如你在工作、金錢、愛情，以及分別與父親、母親、手足、友人方面的關係。人生牌陣有很多個，黃道十二宮這一個叫作「天宮圖牌陣」，因此裡面有一張牌，是代表命主在父親關係的部分展現出來的現實面。

閃人，不會騙光別人的積蓄，也沒有犯過什麼傷害性案件，就算要冒用別人的名字，也是冒用自己家人的名字，不會牽扯到外人身上，看得出他沒什麼大想法，就是想要隨心所欲地過他想要的生活而已。

另外，最明顯的一點，就是在他尚未跟妻子辦妥離婚手續時，就跟女友在大飯店舉行婚禮，還請了一百桌。婚禮前，他明明知道男方親友沒有半個人會出現，重婚的事一定會曝光，但他還是有模有樣地穿上西裝如期出現，最後果然當場被抓了，而他也認命地去服刑。這種愚人型的人，想做什麼就做什麼，沒有縝密的思慮或計畫，也沒有什麼眞正目的，他也許只是想要試試在大飯店裡結婚的「感覺」，或者想要看看宴客百桌是什麼樣子，即使被抓了他也覺得值得。你不能說這不是另一種型態的「天眞」。

以上是比較偏負面的例子，但愚人牌雖然不受一般人看好，卻很有敗中求勝的冒險精神。有一本書《小丑的創造藝術》，我覺得書中對小丑這個身分的解讀跟定位，幾乎就可以是愚人牌的最佳說明了。

書中對丑角的定義爲「**對於任何計窮途拙的狀態，都能夠想出解決之道，能夠保有創造力、希望與活力**」。作者提到一位受雇於愛德華四世的丑角演員叫斯克剛，丑角的工作必須讓所有事情看起來都很愚蠢，有時甚至可以冒險去愚弄國王（畢竟伴君如伴虎，心臟不夠強，是做不來這份工作的，這是不是也印證了愚人牌的「冒險、無畏」等特質？）。有一次他做得太過火，被國王逐出英國，並命令他：「永遠不得再踏上英國的『國土』。」於是斯克剛出發到法國，兩週後把法國的泥土放入鞋中，踩著回到了英國。如此跳脫所有人的思考模式，把一件攸關生命的事轉化為一則笑話。

我是怎樣的一張牌？

愚人牌是獨立於一切的體制之外，所以往往能夠跳脫所有人的思考模式。如果意外地成功了，收穫也是最大的。這讓我想到常有人說，如果能做到「三不要」的任何一項，就一定會成功，這「三不要」就是：不要錢、不要命、不要臉。很有趣的，這三樣東西任何人都沒辦法不要，而這些又剛好都是愚人牌不放在眼裡的，或至少不會三樣都要的。基本上，愚者就是代表出乎大家意料，或是跟我們的印象不吻合的人事物。國外就用極重感官享樂的酒神戴奧尼索斯來代表；如果要我找個東方神祇，我會覺得「濟公」最能傳神地表達出愚人牌的特質。

※練習題（作者在部落格回應）

在此設定兩個問題，一個是問：「如果接受了A工作，這份工作的發展前途會如何？」另一個問題是：「應不應該接受A工作？」這兩個問題都抽到了愚人牌的話，請問在解釋上分別有哪些意思？兩個答案最大的不同又在哪裡？

1 魔術師牌 The Magician

元素　風　風元素在這張牌顯示的特質：智商高、變通性強、注重邏輯、執行力稍弱、溝通力強、友善、人緣佳、知識及常識豐富、有群眾魅力、企畫及改良能力。

數字　1　數字1象徵開始、創新，以及新生的事物。我們都知道一切的創造，最初都來自於心智下的「概念、發想」，凡事都要先在腦中成形，才會有具體呈現出來的機會，數字1賦予魔術師牌一個好的開始。

牌義

魔術師的重點，在於「拿原料製造出有價值的成品」，所以是最有開創性的1號牌。相較於上一張愚人牌，魔術師已經開始發展出邏輯性，也接受過社會化教育，知道用頭腦比橫衝直撞有用得多；愚人牌象徵的「潛能」，到魔術師這裡已經發展成「具體的實力」了，可以巧妙地運用所掌握的一切資源，就像同樣的顏料、畫布跟畫筆，在我們一般人手上，跟透過藝術家的手組合出來，就有完全不同的程度、價值。顏料不是重點、畫筆也不是重點，重點在於作畫人的想法及技巧。因此魔術師這張牌，強調的不是你擁有什麼，而是從開始到完成的過程中，你所發揮出來的能力。

因此魔術師公認的牌義，就是**「聰明、臨場反應佳、智商高、菁英份子、凡事都有辦法解套、開啓新的可能性」**這類吃香又優秀的本質，有點像○○七這一類的人物。

魔術師牌象徵的也是技巧、手藝，以及化平凡爲神奇的力量，只要善於運用策略，就能化不可能爲可能，就像諸葛亮草船借箭一樣，只要思考周密，戰爭時就能扭轉劣勢，以寡擊眾。這張牌是經由思考、計畫及知識，來補實際上不足的部分，很有四兩撥千斤的能力，但有時缺乏更深層的智慧；可能發展出的負面特質就是不誠實，要一個智商不高的人安分守己很容易，但一旦你知道自己擁有操控一切、隨心所欲的能力時，很難捨得不使用這個能力來爭取自己想要的。畢竟，人要抗拒自己的本質，比抗拒環境要來得困難多了。

解牌說明

魔術師是一張很容易引起羨慕跟崇拜的牌，因爲它的光芒非常耀眼，乍看之下幾乎所向無敵，沒有什麼事可以難倒它。抽到這張牌，不管你問的是任何事，都代表一個有勝算的開始，但是後續能否開花結果，還是要看你在過程中所付出的耐力跟基礎功有多少。

我曾認識一個魔術師型的女孩子，除了魔術師牌公認的牌義：反應靈敏、常識豐富、口才便給幽默外，她好像什麼事情都非常「有天分」，例如學樂器，老師說她「很有音樂天分」；學畫畫也被讚賞「很有美感，有繪圖天分」；寫作也有天分；設計也有天分……。不過，大都集中在用腦部分，在體能方面就沒有那種「進入陌生領域還能立刻如魚得水的掌控狀況」。因爲體能是一翻兩瞪眼，沒有什麼重點可以抓的。

跟她認識久了，觀察後我發現，她表現出來的那種像是天分的能力，其實比較接近「吸收、分析，然後表達出來給人家看到」的能力，而不是眞正的天賦。她知道老師想要的是什麼，也知道自己應該做到什麼程度才算正確，加上任何才藝一開始的基礎都不難，她只要先經過消化就能快速掌握，不需要反覆練習，所以當然會讓指導老師驚豔，認爲這是一種天分。我不能否認這也是一種天生的能力，但我會認爲，她的天分在於「學習能力」，而不在於「她所學習的這個項目」上。

這種能力非常吃香，雖然不夠深入，但如果不是要當專業領域的大師，要在一般社會上立足生存已經足夠了。因爲對大多數的人來說，沒有足夠的知識去挑剔魔術師的深度。一位常識豐富又擅於表達的人，當然很容易就能跟所有人建立起友誼，所以魔術師不用是最好的，只要在每件事情上都比大部分的人好一點就夠了。

我是怎樣的一張牌？

魔術師是一張對凡事都有利的好牌，不管對於愛情、工作，這張牌都表示當事人可以得到很多外人的協助，以及本身的能力本來就是俱足的。不過，由於魔術師人格，習慣凡事都能輕鬆駕馭，往往容易「聰明反被聰明誤」，在需要更深入或更努力才能得到成果的情況下，通常會選擇放棄，而去選擇另一個新的開始。雖然這樣的人絕對有能力做到更專業的程度，但是「努力」已經不在他們的行為模式之內，因此會本能地去尋求可以很快就有成果的地方力求表現，無法適應慢慢扎根的方式。

※練習題（作者在部落格回應）

基本上魔術師是一張好牌，如果魔術師牌在詢問有關「愛情」的問題時，出現在「問題」的位置，也就是意味著魔術師所代表的意義會成爲這段愛情中的敗筆，那要如何解釋？

2 女教皇牌 The High Priestess

元素　水　水元素在這張牌顯示的特質：深入內在、沉潛、平靜、不多話、具智慧、包容力強、敏感、不易被外界看清、靈性智慧、不世俗。

數字　2　2代表的是，除了要接收自己原有的東西之外，還要再將外面得到的訊息做一個整合，才能真正把新的知識「吸收」到自己的內在，就像兩個人相遇後，往往先是互相吸引，後來會開始爭執，需要經過磨合期才能更深入認識彼此，變成共同體一起生活。

牌義

女教皇是2號牌，象徵進入一個整合跟消化的階段，經歷魔術師階段的過度吸收資訊後，現在要停止接收外來的資料，把已經存在的東西做一個總整理，這樣才能去蕪存菁，從一堆資料中提煉出眞正有用的知識跟學問。因爲有各種不同性質或甚至互相牴觸的資料，要整合它們必須進入一種專注的狀況，排除外在干擾才能加以分析，看穿它們的表象，然後認出它們的本質，這就是深入的剖析與研究。

因此女教皇的公認牌義，就是「**內在的本質、追求心靈的成長、平靜、跟外界疏離、靈性、低調、專業、有智慧**」這些性質。

女教皇的內心成長是很個人化的，並不需要經過群眾認同，所以這張牌往往代表一些個人經驗，不具有互通性，也沒辦法複製，更不社會化，所以代表一些私密領域的才能，像是靈修、神祕學、藝術性；或是一種內在感受的體驗，不足為外人道。但是就個人而言，對其內心的蛻變跟轉化，具有非常強大的能量。

解牌說明

我個人認為，跟女教皇這張牌最貼切的人物，就是金庸小說《神鵰俠侶》中的小龍女。首先，她因為要潛心練功，所以不能隨便牽動七情六欲，當然更不能跟外面的世界有太多接觸，以免引起情緒波動。她住的地方是山中的古墓，生活簡單，認識的人也不多，帶有幾分女教皇那種隔絕外界干擾，專心於整理自己內心轉化的味道。

小龍女對人的態度經常是冷冷的，講話大都只講重點，帶有一種抽離的、冷眼旁觀的感覺。但是我們最後會發現，她內心的感情很豐富，只是自己設了一個閘門，平日不能輕易流露，以免陷入混亂中而無法冷靜思考。如同女教皇這張牌，雖然也帶有一種遺世獨立、高高在上的性質，但它畢竟還是一張水元素牌，感情跟感受力是絕對不會消失的，只是被隱藏在某個外表之下。

女教皇可以對應到小龍女武功卓絕卻性格單純，對世事禮俗一概不懂，你可以說她是脫俗，也可以說她活在自己的世界裡。女教皇牌跟女皇牌，是女性特質的兩張代表牌，象徵兩種不一樣的女性典型：女教皇是走「冰山美人」或「才女」的路線，相對於女皇的溫暖來說，女教皇較為保守、不易親近，其優勢表現在專業實力及專心一志的研究精神上。對旁人來說，女教皇少了女性特質中的親和、溫暖及異性魅力，不夠活色生香。但它畢竟具有水元素的特質，只是把女性較含蓄那一面的神祕感、智慧及跟天地連結的能力，以及擅於探究自我內在的性質保持得更為完整而已。它還是一張女性牌，只不過是一個比較不社會化、比較「原型」的女性。

我是怎樣的一張牌？

如果要以社會上的女性來看女教皇牌的話，她不是那種會精心打扮地走在路上，或是追求者衆多的那一型；反而比較像是醫生、研究員、律師一類的「專業人士」，不需要太過龐大的社交圈，也沒有複雜的人際關係（較為獨立），不以外在包裝取勝，在工作上可以用個人能力獨當一面，在職場上也比較沒有性別的差異性，但還是保有女性敏銳、細膩及深入化的特質。

※練習題（作者在部落格回應）

在提問：「你目前的愛情觀是怎樣的？」這個問題時，若抽到的是女教皇牌，要如何解釋？女教皇理性不濫情，但所屬的元素又是跟感情很有關係的水元素。所以，這張牌會呈現出怎樣的一種心態？

3 女皇牌 The Empress

元素　風土　風元素在這張牌顯示的特質：理智、友善、有彈性、易溝通、聰慧、人緣佳。土元素在這張牌顯示的特質：穩定、支持他人、重視感官享受、有豐富的人脈及實際資源。

數字　3　3是跟同儕交流、集結群眾的一個數字，就像你希望擴充自己的深度及廣度，就必須得到他人幫助，或者從他人身上學習，激發出新的創意與能力。女皇就是一張可以輕易跟任何人建立交情的牌。

牌義

女皇牌搭上數字3，會反應出3這個數字的合群、擅於溝通、交流、協調及社交能力極強等特質。在上一張女教皇牌中，由魔術師吸收進來的資訊及知識得到了很好的整合，而在這一張女皇牌中，就可發揮出這些經過沉澱、發酵的智慧，表現出圓融、社會化又極富群眾魅力的一面。

因此女皇牌的公認牌義，就是「**溫暖、親和力強、漂亮**（因爲注重形象）、**有同理心、樂於幫助別人或受人幫助、關懷、母性特質、女性代表人物**」。

女皇牌因爲可以輕易建立或改善任何關係，包括愛情、友情及一般人際關係，因此是社會上不可缺少的潤滑劑，非常適合在群體當中生活，也適合扮演妻子、母親、女兒等社會性角色；它也擅於拉近人與人之間的距離，並讓大家放下防衛心。在物質世界中，這樣的特質會讓我們得到金錢、關係、好名聲，以及一切我們重視並可讓我們在社會上立足的物質。

解牌說明

女皇牌的代表性人物非常容易辨認，一般的美女公眾人物，或是走在潮流前端、很重視時尚的女性（包括粉領族在內），都是女皇牌的具體化表現。因爲很注意公關及形象，所以女皇的品味很好，也很喜歡享受。我們都知道，有時美女（帥哥也一樣）並不見得是先天條件好，而是她們跟得上時代，知道怎麼打扮最讓人有好感，喜歡保養自己，懂得享受跟打扮，走的路線也都是大眾最能接受的方式（也可以解讀爲流行和時尚）。此外，先不說個性，至少社交禮儀很好，懂得看場面說話，看起來也讓人賞心悅目，例如孫芸芸這一類的貴婦群，就很適合當女皇牌的代表性人物，從不虧待自己，永遠把好的那一面給大家看。

在上課過程中，我常問同學：「女教皇跟女皇比較起來，誰比較適合當職場上的主管呢？」大部分同學的反應都很直接：「女教皇有知識、聰明、專注、能力又強；女皇則是比較重於社交與人際，是通才而非專才。比較起來，應該是工作能力強的女教皇牌更適合當主管吧？」

其實在職場上，人和、眼光與手腕，會比工作上的技能來得重要。女皇牌的風及土元素，加強了它的判別能力，以及大事化小、立場客觀的能力；而對一個主管來說，最重要的不是工作能力強，因爲這種員工要多少有多少，主管的工作是「把每一個不同的人放在對的位置，以及將有限的人力及資源做最徹底的運用」。這就需要對人性的瞭解及寬廣的眼界，不是肚子裡裝滿墨水就夠了。因此女皇牌雖然在資質方面不如女教皇，但在群居社會中，女皇比女教皇更容易適應、如魚得水，也更適合站在領導位置。只是女皇牌的領導能力，不像皇帝牌帶有競爭性，也不像教皇牌般完全實事求是地規畫縝密。女皇會做完所有該做的事，然後懂得適時放手，讓事件自己去成形。這是一種很高的創造力與智慧。

我是怎樣的一張牌？

女皇牌具有與人為善的性質，但它居然不是水元素，而是一向理性的風＋土元素，因此你可以知道，它的禮貌、關懷、細心、和善，都是因應我們對「一個好人應該要如何」的社會價值觀，而不是出自於天性或本能。其優點，是女皇的外表柔軟，腦袋卻很清楚，不會因為好說話，最後卻導致被欺負或是濫情的地步，缺點就是凡事容易流於表面。

※練習題（作者在部落格回應）

女皇擁有社會上所有女性想追求的一切：美貌、交際手腕、溫柔的個性、很會打扮及玩樂。如果問題是：「一名男士的人格特質」，卻抽到女皇牌，應該要怎麼解釋？

4 皇帝牌 The Emperor

元素　火　火元素在這張牌顯示的特質：獨裁、強勢、企圖心、侵略性、魄力強、大男人主義、英雄主義、主觀、以自我為中心。

數字　４　４是一個基礎穩固、內在能力非常強的數字，代表想要奠定穩固的基礎，或是畫好自己的勢力範圍。皇帝牌的成就不只是眼前的程度，還有更多未開發的潛能，只是在現階段必須先打好成功的第一步，善用４的安全感，以及它象徵「擁有」的特性，建立自己的初步成就。

牌義

經歷上一張女皇牌與人爲善的階段後，就要開始慢慢地確立自己的價值，從找尋自我、發展自我、提升自我，到了這一張皇帝牌，就要開始「幫自我定位」了。我們整理完自己所擁有的資源及天賦後，接下來不是抱著它們不放，而是應該把我們的天分及資源發揮出來，利用它們做出更有建設性的事，才能替自己創造更多「自我價值」。

因此皇帝牌公認的牌義，就是「**強勢、有開創性、領袖魅力強、專制獨斷、有大男人主義的傾向、企圖心強、有野心、具有行動力、掌握局面、有主導權**」等性質。

正如同女皇牌是社會化女性的代表，皇帝牌也是社會化的男性代表，這張牌表現出來的特質，就是一般大眾對「身為一個男人」的認知與期待；因為男性往往是一家之主或一國之君，我們對男性的要求是必須獨立，有指揮及領導的能力，有勇氣與膽識，才能夠突破任何困境，也不會被情緒左右。皇帝牌要不斷地前進，才能有擴大格局的能力。

解牌說明

很多朋友常常問我，皇帝牌既然名為「皇帝」，抽到這張牌時一定有大老闆的意思囉？事實上，皇帝牌代表的皇帝，我個人認為不太像是養尊處優或世襲的君主，反而比較像篡位的皇帝，或是赤手空拳打天下的開國皇帝，例如清太祖努爾哈赤、軍閥出身的蔣介石，都可以是皇帝牌的代表性人物。所以大老闆當然還是有可能，白手起家的老闆就更像了。但是如果把規模縮小一點的話，業務員、直銷商，或是任何需要進入陌生市場，憑自己的力量殺出一條血路、且不用太借助別人力量者，都可以是皇帝牌代表的職業。另外，皇帝牌不擅於團隊作戰，所以除了創業者、業務員之外，講究個人表現，與體能、榮耀有關的運動員，也是皇帝牌的代表職業之一。

抽到這張牌，當然可以代表運勢是很旺的，大家想想看，赤手空拳闖天下，需要多強韌的意志力及多大的勇氣啊！所以這張牌一旦出現，表示你的目標是很明確的，而且應該要心無旁鶩，付出全部的專注與力量，不能被其他的事情分心。一旦鎖定方向，你的成功機率就非常大了。

但是這樣的全力以赴，大家應該很容易就會聯想到那種心思只放在工作上的工作狂，這種人通常沒有興趣休閒，也失去休閒的機會。就醫學上來說，身體過度亢奮之後，等熱潮平息下來，緊接而來的就是急速衰退了。工作也是如此，皇帝牌會過度地投入熱情，眼裡除了目標之外，其他什麼東西都看不到，一旦失去目標（或達成目標）後，整個人就會頓時失去重心，一時間找不到支撐力量，會特別有無力感。此外，中年危機或是不敢退休，怕退休後自己誰都不是的人，也有可能是皇帝牌的類型。這種人看起來熱愛工作，其實是靠著他的目標，給自己一種存在感。

我是怎樣的一張牌？

皇帝牌是一張陽剛性質極重的牌，獨裁、霸氣又唯我獨尊，這類的人放在感情上的時間不會太多。雖然被皇帝牌追求，會感覺到他很熱情很狂熱，但是這種狂熱，往往會隨著妳的拒絕或接受而平息下來：妳接受了以後，他會覺得有更新的目標（工作或感情都有可能）等著他去征服；妳拒絕的話，他會死纏爛打一陣子後突然消失，因為他一次只能有一個目標，所以一旦出現其他目標時，他就不會在妳身上付出任何一絲注意力了。

※練習題（作者在部落格回應）

如果是一位個性圓滑、人際關係頗佳的女性，在她的人格特質出現皇帝牌，要怎麼解釋皇帝牌在她身上表現的部分？

5 教皇牌 The Hierophant

元素　土　土元素在這張牌顯示的特質：責任、義務、重原則、固執、遵循傳統、追求感官享樂、重視組織與紀律、重視實際層面。

數字　5　5是跟外界的人有互動，以及領導旁人的意思。教皇牌一向給人嚴格、不易敞開心胸的感覺，那是因為它的土元素非常堅持「規矩、原則」，而這有助於凝聚眾人的共識，把力量集結在一起。對於團體來說，數字5比較能夠領導眾人往對的方向走長久的路。

牌義

上一張皇帝牌是有點個人英雄主義的牌，但是到了5號教皇牌，就眞的是以團體利益爲最大的考量。教皇牌與皇帝牌相似的地方是，兩者都有一國之君的味道，但皇帝是一馬當先帶領大家前進，而教皇卻是確實融入群眾當中，有著輔導眾人、教化大眾的味道，比較溫和，沒那麼耀眼，但跟人們有更加貼近的關係，掌握的實質資源也更多。

教皇牌公認的牌義，就是「**傳統**、**重視基本原則**、**觀念保守**、**教育相關單位**、**固執**、**慈祥**、**宗教性**、**可以當重大事件的推手**、**尊貴卻低調**、**貴人**」等性質。

比起女教皇的個人化、私密性，教皇牌雖然也代表內心的成長及精神領域的智慧，卻是比較標準流程化，可以放諸四海皆準。因為有一套共同的基本教義，才能構成團體與組織，發揮更大的力量。我們知道有某些國家，教廷權威甚至凌駕在政府之上；即使不是這麼極端的例子，在我們這個社會裡，餵飽人民、給予人們協助的除了政府體系外，還有很大一部分來自宗教團體或慈善團體。這些團體凝聚了共同的理念，支援及關懷社會，對整個國家的影響力不亞於政府組織。

解牌說明

如果說皇帝牌像蔣介石的話，那麼教皇牌就像是蔣經國了。從這兩者的比較，我們可以更容易理解，相較於皇帝牌（火），土元素的教皇牌就是少了那份霸氣，多了腳踏實地，以及照顧民生基本需求的責任感。皇帝牌的重點在於權力，而教皇牌的重點則在於責任與義務。蔣介石是在亂世當中，為了國家的領導權及定位付出了很多代價，而像教皇牌的蔣經國則是接棒建設台灣，把重心放在民生經濟及未來較為長遠的永續發展上面。

若再把社會型態的演進往上追溯的話，就可知道人類社會大都是從神權到君權再到民權，以這樣的方向演進。不管是哪一個民族，都會發現歷史上都有「天授神權」這樣的說法。教皇牌代表宗教，正是與古代國君一樣，象徵人與上天之間的連結，但進入較後期的君權時代後，教皇牌不再是國家的統治者，反而成為負有教化人心任務的宗教組織。

我一向不太贊成把教皇牌講得太靈性化（這比較像女教皇），教皇牌是土元素耶！是活生生的，要面對現實環境的。以中國為例，透過歷代聖人與君主的教化，慢慢地把「上天的知識」教給人民，而脫離茹毛飲血的原始生活。早期的「共主」黃帝，教人們生火煮食；他的妃子螺祖養蠶取絲，教人民紡織，可以看出最早的君主必須「安定」整個社會，除了打贏戰爭外，還需要替人民的「生存、民生經濟」找出路，幫助人民集體成長。埃及第一代法老王歐西里斯（Osiris）與皇后伊希絲（Isis）原是天神，下凡當君王，不是來作威作福的，而是要做牛做馬，歐西里斯後來成為尼羅河神，主管每年一度尼羅河氾濫後帶來的農業效益，教人民種植及畜牧；而伊希絲則真的像女教皇，主管治療、靈性力量、知識這一類的「隱性的民生需求」。

我是怎樣的一張牌？

教皇牌沒有皇帝牌那麼野心勃勃又世俗，也沒有女教皇牌那麼靈性，很多學員問我：「那它的定位究竟在哪裡？」我認為教皇牌代表「文化、文明」，不算靈性而是「知性」，是從人類歷代實際的生活中累積出來的美感，是物質生活中軟性的一面，既可以撫慰人心，又是全民共同享有的資產。

※練習題（作者在部落格回應）

教皇牌重視組織與邏輯，也跟金錢、社會地位等相關。如果問題是：「我適合往設計師路線發展嗎？」抽到的是教皇牌，要如何解讀？此外，設計師有很多種類，教皇牌適合哪一種？

6 戀人牌 The Lovers

元素　風　風元素在這張牌顯示的特質：善變、靈巧、好奇心強、新鮮感、資訊豐富、社交性、可塑性強、擅於為他人或自己協調溝通。

數字　6　數字6有一種凡事取得平衡及互相配合的意思。配上戀人牌及風元素，代表工作、感情、友誼、家庭等等都能取得良好且平衡的關係，很理想又不會太過死板，能跟同一個團體的所有人互助，這就是戀人牌雖然喜歡多方嘗試，卻不至於讓風元素性質造成混亂的原因。

牌義

在上一張教皇牌中，人類一般生活的基本需求都已經達到，而且也被照顧得很好，再也不需要爲了生存而擔憂。在這種情況下，自然就會發展出對不同領域的好奇心，就像每個人只要衣食無缺，就會想去培養一些額外的興趣。戀人牌上通常畫的是一男一女互相吸引，象徵兩種不同東西之間的相互吸引力，所以只要是我們生活中未接觸過的，都會讓我們很想去嘗試。常常有人覺得戀人牌就是代表濃情蜜意，但其實感情還是要在有點曖昧、不可捉摸的階段，「互相吸引」的感覺才會特別強烈，這也是戀人牌會配上象徵不穩定、但交流性強的風元素的原因。

戀人牌公認的牌義，就是「**良好的關係、人緣好、選擇、社交運強、讓你喜愛的事物、感情**

上的抉擇、溝通能力」等性質。

我一直覺得戀人牌是愉快的、自由的、充滿各種可能性的，在生活方面，這張牌甚至也可以代表娛樂、興趣及任何能夠讓你放鬆的事情。不管在哪一副牌中，戀人牌的構圖都是由一男一女（以及其他一陰一陽的東西）各據一方卻又互相對稱來表示，代表只要是能把我們本身缺乏的東西補足的事物，我們都會不知不覺地被吸引過去；此外，也可以說，有時我們缺乏的部分是被隱藏住的，找到相反的另一半，也只是把我們原有的隱藏面投射出去而已。

解牌說明

老實說，戀人牌雖然自在又愉悅，但在某些情況下，確實是有點淺薄的。因爲戀人牌看事情都只看最初的層面（也就是說當初最吸引它的那個部分），等到新鮮、未知的感覺慢慢消褪後，就必須再去找下一個能吸引它的東西。但這些過程並不是走馬看花而已，戀人牌代表我們每經歷一樣事物，就會把它整合到我們的內在，等到你已經擁有這些特質，你就不需要繼續停留在原地，自然要換下一項功課來挑戰。

戀人牌因爲新奇多變的特質，加上它是風元素，在工作方面，跟廣告、傳媒業有很強的連結，因爲這些行業比較不是腳踏實地型，而是需要靈活的交際手腕、獨特的創意，還有隨時能適應各種環境的能力，太過循規蹈矩或按部就班，在這樣的行業中反而會變成致命傷。

但如果不是詢問行業，只是問運勢的話，就不一定指傳媒相關的產業了。如果每一次在工作運勢方面，戀人牌是主牌，又加上搭配的其他元素是水跟火（代表喜愛、躍躍欲試），我會先問對方，是不是有什麼工作或行業是他一直很嚮往，卻又從來沒有相關經驗的？如果有一個「一直很吸引你，你卻不瞭解不熟悉」的行業，通常出現戀人牌，就是要你去嘗試看看，就算不見得會長期留在這個領域（因爲風元素），相關經驗可能會對你未來的職場生涯有很大的影響。

戀人牌也有「享受其中，但不執著」的意思，不管愛情或工作都一樣。因爲這張牌願意接受改變，人生的下一段風景就會接連出現，不用停留在某階段太久，人生閱歷肯定比別人豐富了。

我是怎樣的一張牌？

戀人牌是愉快的、自由的、充滿各種可能性，具有新奇多變的特質。因此，往壞的方向來看，戀人牌很不安定；而往好處來說，戀人牌會不斷地自我更新。在一般情況下，戀人牌都是一張好牌，象徵好心情，以及事情永遠可能有新的局面。

※練習題（作者在部落格回應）

戀人的性質是多彩多姿、選擇性很高。如果一位理應一板一眼的公務員問：「在職場上的工作心態」，卻抽到活潑、社交性很強的戀人牌，與其職務看似衝突，應該如何解釋？

7 戰車牌 The Chariot

元素 水 水元素在這張牌顯示的特質：感情用事、被動、模糊、無法下決定、受情緒影響、缺乏突破性、偏安、需要長期累積才能往前進。

數字 7 7是一個晉級數字，代表要往上提升，方法就是學習、挑戰與磨練，這是一個意志堅強、不輕易退讓的數字。如果生命流年數字出現7，通常代表進修、念書、考證照或學習新事物。戰車牌搭上7的優點是：雖然戰車牌很難前進，但是7也會讓它絕對不會後退，過程雖然艱苦，但至少不會隨便放棄。

牌義

這張戰車牌，就我個人觀察，最大的特點就是進入了一種「瓶頸」。經歷上一張戀人牌的東瞧西逛，把事物表面最新鮮有趣的一部分都吸收了，但接下來要更深入時，即將面臨的當然就是瓶頸與關卡。就像我們不管學什麼東西，入門部分（如戀人牌）總是比較好上手，一旦要開始晉級，就必須通過一段「停滯期、撞牆期」，在突破自己之前，先找出正確方向（這是最難熬的一段時間），才能順利通過關卡。不過這張戰車牌的優點是，不需要放棄一切重來，只要堅持下去，有一天就會自我整合完畢，進入下一個階段。

戰車牌公認的牌義，就是「**前進、意志力強、決心、最後的勝利、陷入兩難、出征、守護某**

些事物、防禦力」等性質。

戰車牌一旦出現，通常表示事情的進度不會太快，可能會陷入兩邊拉鋸，所以牌圖中拉車的騎物是一黑一白，往兩個相反的方向前進，這樣的分歧，結果當然是哪裡都去不了。而這樣的兩難，通常不是因爲實際環境中有什麼阻礙，而是出於自己的恐懼或迷惑，這代表你需要克服的是自己的想法及陰影。這也就是爲什麼一張象徵出戰的牌居然不是火元素，而是水元素了。

解牌說明

講到戰車牌時，大都會把注意力放在它的戰鬥力、前進……這些特點，所以會對戰車牌屬於水元素這一點感到訝異，總覺得它應該是雄赳赳氣昂昂的才對。但研究比較深入的塔羅師會指出，戰車的戰鬥不是爲了奪取什麼東西，而是要守護自己原有的東西或重要的人，這一點的確跟戰車牌爲什麼會跟水元素連結在一起有比較接近的意思。不過，戰車還有一個部分是內心的天人交戰，因爲它是決定前進方向的人，但是要考量的因素太多，一定得有所取捨，這會讓它的內心受到很大的煎熬與考驗，並且無法在第一時間下決定，這也就是戰車牌的坐騎總是看著不同的方向（兩隻坐騎通常顏色也不同）的原因。

現在台灣的社會局面也很像這張戰車牌，我們可以說我們正在面臨轉型，也可以說我們正在承受過渡期的煎熬。這些年失去代工的機會，應該是要讓我們發展更精緻化的產業，而且這是必然的，一個國家一定要成長，有誰想做永遠的加工國？但大部分的台灣企業無法相信自己可以憑一己之力站起來，沒有勇氣捨棄原來的模式尋求突破，但越是如此，我們越可能陷在這種悲慘的局面越久；「需要成長」與「方向未明」的特質，都頗符合戰車牌。政府沒有方向、企業缺乏勇氣，我們就不知道戰車要整合到何時，才能繼續前進了。（戰車牌是不會後退，但我想，這都是依靠人民硬撐啊！）

我是怎樣的一張牌？

擁有戰車牌個性的人總是太想顧全大局、面面俱到，而沒有辦法施展魄力，就算最後成功了，過程恐怕也會有不必要的犧牲，所以每次戰車牌出現，我都會比較偏向「猶豫不決、消耗實力、難以突破」的方向解釋。雖然這不是結果，卻是當事人很有可能經歷到的心境。例如先前鬧得沸沸揚揚的陳水扁算塔羅牌事件，事後傳出，陳水扁真正抽到的牌不是死神而是戰車牌。有些塔羅師認為，這表示陳水扁的官司應該可以度過難關，因為是戰車嘛！很會戰鬥，所以會贏！但以我對戰車牌的詮釋：卡在原地進退兩難，所以這件案子必定得耗費很多社會資源，經過很長一段時間後才會有結果。

※練習題（作者在部落格回應）

據說陳水扁抽到的牌，其實是戰車牌而非死神牌。大家覺得戰車牌有對應到他後來的狀況嗎？或是另有解釋？

8 力量牌 The Strength

元素　火　火元素在這張牌顯示的特質：尊貴、地位高、引人注目、受肯定、能力強、熱情、喜悅、愛欲、事業心重、掌握局面、目標性強。

數字　8　8是一個大數字，代表在世俗層面，你能累積的數量已經到達最高點，可以任你運用及處置了，所以8在一般西洋神祕學中，也被認為是帶有財富及地位的數字；加上火元素本身就是很強的能量，會讓這張牌更加有力。

牌義

繼上一張戰車牌的進退維谷後，等到確立方向與目標，就要進入讓人放心的力量牌階段了。這張力量牌一旦出現，不管是什麼問題，都會讓人覺得很欣喜。一般來說火元素的牌，都是一時的燦爛，後續是否能夠持續順利，還要看其他配合的牌才能知道。但是這張力量牌跟其他火元素牌不同，它是一張很完美的牌，既有行動力與引人注目的能力，而且得到的成果效益還能長時間維持下去，人緣、感情、事業運俱佳，也不用擔心只是曇花一現，我想這是因爲上一張戰車牌在掙扎過程中也累積了許多的經驗與能量，可以在這張力量牌中彰顯出來。

力量牌公認的牌義，就是「**以柔克剛、內在的力量、能夠克服困難、馴服負面的性格、受到**

肯定、往積極面發展、事業成功、誠信」等性質。

不管問什麼問題，如果出現力量牌，表示事情是在你可以應付的範圍之內，就算你在面對時會覺得很困難，但眞正出手時，就會發現出乎意料地簡單。但是這張牌也不適合太躁進，必須定下心來，看準施力點在哪裡，一定要算好步驟，成功才會持久。一般來說，火元素牌就像一把火，短時間內燒完就沒了，但力量牌的火就像具體的能源，如瓦斯、木炭、汽油，乃至太陽，能量不會一次爆發，而是長期、持續穩定地供應，這是最理想的形態。

解牌說明

一提到力量牌，只要對塔羅牌稍有研究的人，一定會馬上聯想到它最廣爲人知的牌義：「以柔克剛」。但這句話對很多玩塔羅的人來說，好像有點太抽象了。「以柔克剛、馴服」眞要解起牌來，你會發現大多數的人都還是把力量牌解釋得太激進及火爆，就連市面上的塔羅書也不例外，前面才寫著「以柔克剛」，後面的範例就把它解釋得很強硬、很陽剛。

其實以柔克剛的意思很簡單，就是用和緩的方式讓對方能夠接受，再去進行一些改變。簡單來說，就是利用「習慣性」來克服一些無法一時轉變的事情！我常跟學生們舉一個例子：「我是一個很需要減肥的人，對吧？假設我要運動減肥，是要一天慢跑個一百公里，還是一百天內，每天慢跑一公里，哪一個成效來得大？」答案大家都知道，從這個充滿我個人血淚史的例子，就可以知道，「習慣性」培養出來的隱性力量，比在檯面上一次爆發的顯性力量要來得有用且持久，而且力氣要用在對的時間、對的地點，才能夠達到預期效果。

這張牌在大部分的牌圖中，都是一名女子馴服獅子的畫面，女子等於是溫和的耐性，獅子等於是人的本能與不受控制的野性，本能是應該要被理性控制住的。因爲自信及勇於承擔所帶來的力量，比蠻力來得長遠。在感情方面，力量牌更是一張好牌了。大家一定也覺得「以柔克剛、馴服」，在任何人際關係中，都是最恰當的相處模式。穩定培養良好的相處模式，會比一瞬間的天雷勾動地火，更能維持長久的關係，所以力量牌也象徵「歷久彌新」。

我是怎樣的一張牌？

因為火元素加上數字8的關係，力量牌是非常豐富的，要錢有錢，要名聲有名聲，而且還是以德服人，不靠強權壓人。當然，因為這張牌通常有理性戰勝本能衝動的意思，如果你遇上情緒激動，或者無法下決定的時候，尋求專家或頭腦冷靜的人建議，可以幫你度過任何難關。

※練習題（作者在部落格回應）

力量牌的特質是以柔克剛，如果問題是：「我想考研究所，請塔羅給我建議。」抽到的是力量牌，理所當然是要拿出意志力，但是要採取的方法應該是哪種類型的？

9 隱者牌 The Hermit

元素 土　土元素在這張牌顯示的特質：過程中的阻礙、現實考量、進度緩慢、持續、耐心、韌性、固執、目標明確、範圍受限。

數字 9　9本身就是一個代表「轉化、臨界點」的數字，因為在個位數中，9是最大的數字，10就脫離個位數，變成十位數的第一位了。因此在9的階段，就像毛毛蟲要變成蝴蝶，中間要經歷蛹的階段，這是一個轉化及蛻變的過程，急不得也逃不掉。

牌義

上一張力量牌的能量極強，足以應付大多數的狀況，但力量牌著重在世俗層面中得到的名聲及財富，在心靈方面沒有太顯著的成就。因此，到了這一張隱者牌，要從世俗的功名及歡呼之中抽身，回歸到自身，對自己做內心的省思、整理，才能在人格、智慧的部分更上一層樓。所以不管你的外在擁有多少東西，你最終要面對的還是自己。這是一段非常私密的內心旅程，除了自己之外，沒有任何人可以幫上忙，也難以被他人理解，所以有一種孤獨的感覺。此外，加上無法預知眞正的蛻變什麼時候會到來，過程中的寂寞與不安，會讓這段時間變得非常漫長又難熬。

隱者牌的公認牌義，就是「**孤獨、不被理解、智者、專注、孤芳自賞、道德上的高傲、固**

執、**不爲人知、隱藏、低調、長者、師父**」等性質。

隱者是土元素，表示它的力量是經由累積、堅持而來的，加上數字9，代表其蛻變與智慧不是突然頓悟或天生不凡，而是像苦行僧一樣，一點一滴地從自己親身的現實經歷中感受、轉換，從艱苦當中磨練出強韌的意志力。因此不管要做什麼事，出現隱者牌，都可能代表會延遲，因爲過程中的考驗太多，又缺乏其他的助力，只能靠自己一步步處理；但是一旦生出新的智慧，除了自身的成長之外，還可以從現實的層面中指導及造福所有的人。

解牌說明

這張隱者牌的牌義很清楚，就算是初學者，都可把它大致上孤獨、隔絕的牌義掌握住。不過，因爲這種自閉的感覺，在2號女教皇牌中也出現過，所以就常常有人問，這兩張牌之間的最大不同點在哪裡？

最簡短的解釋是，女教皇牌與外界的隔絕，是純粹出自於它個人的意願，因爲女教皇對知識、心靈成長的追求是一種喜好，也是天性；但是隱者牌是因爲有更長遠的目標在後面，所以「隔絕外界」對隱者來說，算是一種過渡期而已。前面女教皇牌那篇中所提過的小龍女，隱居在古墓是她的生活方式，沒有什麼未來的長遠目的；但是隱者牌比較像是高僧或修煉神功的人，爲了到達最高境界，中途必須隔開一些可能造成干擾的人事物，也就是「閉關」，讓自己能專心一志在修煉過程中，等到功練成了、悟道了，「出關」的時候也就到了。

套用比較現實生活的例子，像準備考研究所或公職的人，中間都需要經歷閉關的過程，但女教皇牌卻比較像是一個階段完成了，自然而然地為了要進入下一階段做準備，而念書就是女教皇的興趣；隱者牌比較有忍受、磨練的性質在內，比較像落榜後的重考生，要在同一個地方打轉，試圖找出方向，因此隱者牌的企圖心較強，得失心及執著程度自然也比較重。

有一次兩個女生分別對自己「目前的感情狀態」抽牌，A小姐抽到女教皇牌，B小姐則抽到隱者牌。在外人看來，這兩位小姐的感情狀況很類似，但經由這兩張牌，就可很清楚地說明這兩位女孩目前的心態：A小姐是因爲生活中有其他重心，對感情的事比較漠不關心，就算有條件很好的人追求，她也很難把重心放在感情上，所以單身對她並不構成影響。B小姐則是很渴望愛情，但是因爲生活圈較狹窄（土元素影響），又不是一個會將就的人，所以無法遇到心目中設定好的適合對象，在感情狀況上比較有「困擾」的感覺。因爲隱者會經歷到的大都是設定好的人生功課，所以通常抽到隱者牌，我給的建議經常是：放下得失心，就能撐過這段過渡期，眼前的狀況並不是最終的答案。

我是怎樣的一張牌？

在工作方面，隱者牌是願意為了未來的可能性，付出眼前代價的一張牌，所以常常是象徵「在職進修」的一張代表牌。在感情方面，隱者因為固執、目標又過於明確，常常會有眼光過高或難以相處的狀況發生。女教皇牌在感情上的狀態，就比較純粹是出自於自己的選擇，因為女教皇本身對外人的興趣本來就比較少。

※練習題（作者在部落格回應）

隱者牌一向較爲沉默、孤獨，如果問題是：「在愛情方面，我最大的阻礙是什麼？」抽到的是隱者牌，那麼讀者認爲案主最大的缺點或問題是在哪一方面呢？

10 命運之輪牌 The Wheel of Fortune

元素 火　火元素在這張牌顯示的特質：突破、創新、冒險、行動力、旅行、改變現有環境、勇氣、短期內的衝刺。

數字 10　10是代表圓滿、完成的數字，但又是二位數的開始，也就是說，每完成一個階段後，就要拿這些過程中累積下來的資源與能力去進攻一個更高的階層，每一個舊的結束，都是為了另一個新的開始做準備；尤其這張牌是火元素牌，必須一直行動，一旦停下來火就滅了。

牌義

上一張隱者牌是我們在沉潛、韜光養晦的過程，等到蓄足精力與能量，就要進入命運之輪牌的階段，也就是要開啓人生中新的一頁了。雖然命運是好壞夾雜，但這張命運之輪所象徵的，是壞的部分剛過去，而新的好機會正要出現，是你人生走到否極泰來的時刻。所以當命運之輪牌出現時，象徵你要勇於做出改變，一旦改變，命運之輪就會轉動，開啓最大的契機。

命運之輪牌公認的牌義，就是「**好運、機會、事情往好的方向前進、可能性、順勢而爲、命運安排的出口、適合改變現況、擴充**」等性質。

命運之輪牌爲你帶來的，僅僅是一個「機會」而非結果，眞正的結果仍舊要看你的作爲而定。如果你以爲現況順利就不需要改變，就等於放棄機會；那麼等到這波高峰過去了，命運之輪又將往下轉，把一切曾送給你的都帶走。命運之輪的優點，就好像讓你得到一筆意外之財，但是你是要花光？或要拿去妥善投資？兩種作爲會導致完全不同的結果。機會只有一次，你不利用漲潮時往上爬，就會被海水淹沒或在退潮時被捲入漩渦。

解牌說明

我們在上一張隱者牌的說明中提到，隱者牌象徵一個閉關的過程，也就是把過去累積的東西做一個消化總整理後，再進行運用的狀況，就像食物消化完畢轉化爲養分後，才能輸送到身體每個細胞，驅動人體運作。既然隱者代表的是消化過程，命運之輪代表的就是把轉化成的養分發揮到各處的過程，所以象徵各種新的嘗試、冒險及行動！

在前面介紹的牌中，教皇牌往往帶有「貴人」的意思，所以有人問我，命運之輪既然是新的轉機，那它是不是代表也會有貴人出現呢？我的回答是，命運之輪的確有可能帶來貴人，但是形式跟教皇牌的貴人不一樣。教皇牌的貴人是以一種施恩者的形態出現，不會被錯認；但是命運之輪牌的貴人，有時卻以小人形態出現，往往會給你帶來破壞與傷害，或是製造一些無法預期的災難，但是這些破壞，有可能反而帶來一些新的影響，幫你衝破原有的格局，讓你因禍得福，最後形成對你有利的結果。「殺不死我的，使我更堅強」這句話，也可以說是命運之輪牌的好注解。

有一次我接到一個塔羅占卜的個案，是一位老公要去大陸創業的太太想占卜。她知道丈夫的外遇已久，但沒有揭穿，只是自己正在衡量是否要離婚。在這個時候，丈夫卻打電話給她，說公司有些狀況，希望曾是工作夥伴的太太到大陸幫忙處理。她一方面不甘心幫這個忙，但一方面又覺得沒有理由推辭，因此就來諮商。

我把問題分成「是否要原諒先生的外遇」跟「要不要去大陸幫忙」兩個部分，占卜出來的結果是：不需要原諒丈夫的背叛，卻要她飛大陸一趟。因爲出現了命運之輪牌，象徵行動及新環境。我雖然不解，也只好如實以告。在她前往大陸的半年之後，她寫信來跟我說，到大陸待了兩個月左右，在一次偶然的機會下，當場撞見丈夫與第三者來往，因爲丈夫無從狡賴，長輩做主說了公道話，離婚時的條件對她十分有利。回想那時，如果她什麼都不做就離婚，現在應該是孑然一身吧。

這是命運之輪送給她的意外禮物，但要記住，命運之輪牌給你的只是機會，不是永遠的保障。換句話說，命運之輪只是送你一根釣竿、指引你一個方向，至於能捕到多少魚，就要看你用多少心了。

我是怎樣的一張牌？

命運之輪牌會讓你的生命加速轉換不同的事件及環境，讓你在很短的時間內，經歷各種不同的經驗。這張牌的關鍵字往往就是「學到」。經一事長一智，經驗是比書本更好的老師，在增廣見聞或想擴大自己的格局，命運之輪是很有利的一張牌。

※練習題（作者在部落格回應）

命運之輪的運勢很容易解釋，但命運之輪的牌面不是以人物爲代表，大家反而可以試著解解看。如果問題是：「我這個人的優缺點爲何？」抽到的是命運之輪牌，代表案主是一個什麼樣的人？

11 正義牌 The Justice

元素　風　風元素在這張牌顯示的特質：思維、理性、邏輯、規範、平衡及和諧、斡旋、合作、契約、善於溝通、判斷分析的能力。

數字　11　11是一個代表「定期循環、周期」的數字，經過計算顯示，小麥價格、太陽黑子活動、潮汐等等，都是以11年為一個循環周期；上一個號碼10代表一個句點，而11則代表新的周期展開，所以到了正義牌的階段，常常就代表該把過去累積的一切做一個總檢討了。

牌義

上一張的命運之輪牌是風風火火的，到處開發、到處探險，找尋對自己有用的資源，也創造出無限的新機會。但是我們都知道，收集一堆資源後，堆積放在一邊是派不上用場的，等到嘗試夠了、探索夠了，下一步就要進入這張正義牌的程序，開始衡量、規畫，找出最適當的平衡點、最可以依循的固定模式，讓自己的生活進入正軌。正義牌雖然象徵眞理，但在我個人的經驗中，它則是一切「常態、基本原則」的代表牌。

因此正義牌的公認牌義，就是「**公正、眞理、黑白分明、司法、判斷力、平等、誠實、平衡、理性、公認的價值觀**」等性質。

由於正義牌是風元素，它代表的「眞理」是概念上的，是一種「共同守則」，我個人覺得這有點流於形式化，是一種齊頭式的平等，眞正運用起來時，可能會覺得處處爲難、受到牽制；但是身爲群居社會的一分子，是絕對不能少掉這種社會正義的觀念，有共同的價值觀，才能維繫群體的合作模式。這張牌中的眞理女神都帶有一把劍，但是因爲它是風元素，這把劍是不會拿來執法的（這種行動應該由火元素主導），而且當它做出裁決之後，必須要能讓大家遵守，所以這把劍代表的是公權力的象徵。

解牌說明

這張正義牌特別的地方是，我不認爲它帶有愛情的成分，但是如果算婚姻時抽到正義牌，我會覺得很適合踏入婚姻，或是意味著在婚姻中相處和諧。雖然有人會認爲，沒有濃烈的愛情，婚姻要怎麼成功呢？但我認爲，愛情只是踏入婚姻的一個管道，婚姻的眞諦在於互相扶持以及責任感的展現，如同這張正義牌顯現的「權利義務是對等的」，有時候愛情與能不能相處是兩回事，正義牌可以從理性層面來溝通，反而不會把愛情一下子揮霍完，比較能夠細水長流。再者，這張牌本來就有法律、合約、承諾的意味，與婚姻需要經過公證的意思很有關聯。

由於正義牌一向致力於維持團體社會所訂下的規範，有時眞正的公平正義卻很難做到。例如我常問，如果有一個蓄意謀殺的殺人犯，被逮捕後付出了代價，甚至面臨死刑，那麼執行了以後，受害者有得到真正的公平嗎？多數人都知道，表面上看起來是扯平了，但事實上這是完全不對等的。殺人犯付出的代價，來自於他自己按照自己的意願所犯下的錯誤，只是一種「補償」，實際上他並沒有多付出什麼；而被害者在沒有選擇餘地下，喪失了一條寶貴生命，卻什麼都沒有得到，說到底，還是不公平的。但就法律面來說，卻已經算是公平正義了。而且我們能做到的極限，其實也只有這樣。因此這張牌只能象徵形式上互相交換的一種平等性，卻跟深層的、業力上的平衡是不相干的。

占算的問題若牽涉到情愛方面，這張正義牌就會比較殺風景了。雖然正義牌代表相處會和諧平等，但如果缺少其他牌的輔助，這張牌就會顯得公式化而沒有情趣。

有一次我幫一位十八歲的少女抽牌，問她的「感情觀」，居然抽到了正義牌。就一個應該在思春期又長相不錯的少女來說，這實在很不尋常。我說：「妳比較特殊，看來對愛情並沒有抱著太多幻想，可能妳會覺得等到該結婚時，再來考慮交男友的事就好了。」她聽了睜大眼睛說：「不是本來就應該這樣嗎？」她的家人也在旁邊大聲附和我，說她真的一點都不像一般女孩，既無趣又很愛講道理。其實這也沒什麼不好！她的人生會很安全，只是比較遺憾的是，她的生命可能除了她自己設定好的軌道之外，很難看到其他風景了。

我是怎樣的一張牌？

一般都知道正義牌象徵著真理，但我們是平凡老百姓，需要用到「真理」這個層次的機會並不多，所以如果不是占卜太嚴重的事情，這張牌我通常會把它當成承諾、合約這種「公理」來看待。有時候，正義牌除了代表正義外，也是一個追求正義或平等的過程，你必須不斷回頭看，修正以往的錯誤，才不會讓前進的方向偏掉。

※練習題（作者在部落格回應）

正義牌代表一切平衡，沒有特別困難或順利的部分，在工作上也一向照章行事沒有差錯。如果問的是職場狀況，而正義牌出現在牌陣的「問題」（也就是代表阻力的部分），請問你會如何解釋正義牌造成了哪些阻力？

12 倒吊人牌 The Hanged Man

元素　水　水元素在這張牌顯示的特質：被動、等待、無為、易受環境影響、缺乏主導權、平和、靜默、順著潮流走。

數字　12　12是頗受推崇的一個數字，一年有12個月、生肖有12個、人類有12對肋骨……，這個數字是人跟天地的一個共同點，可以幫助我們發現整體的奧祕。不過這張牌是水元素，因此我們必須採取守勢，要讓出時間與空間，等智慧自然地在我們面前展現。凡事自有定數，只能等待，不能強求。

牌義

前一張的正義牌，代表一些在我們範圍內能夠掌握的事，例如規畫存錢、結婚、買房子這一類事，都是大多數人在慣性驅使下會設定的人生軌道。但是在同樣的軌道中打轉，很容易就會停留在固定的層面上，沒有辦法提升自己，也無法突破。不過，前一張正義牌代表的社會集體規範是必要的，那是一種維持群體平衡的基本要件，但長期運作下來，會失去更新的能力及變化性，反而成了庸庸碌碌。所以這時就會陷入倒吊人牌代表的過渡期，任何事都無法突破，同時也缺少助力。

倒吊人牌公認的牌義，就是「**犧牲、退讓、消極被動、等待智慧、忍受最低潮的時刻、從另**

一**種角度看世界、懸置、決斷力不足**」等性質。

以一般人的眼光來看，倒吊人牌的處境是軟弱的、沒有任何機會，也無法有一些積極性的行動，只能等待及忍耐。但社會經驗夠的人就會瞭解，有時人生中就是需要這樣的經歷，幫助瞭解自己的極限，同時瞭解世界本來就不是繞著你轉的，在學習到謙卑與耐性之後，才能夠以退爲進，在任何不利於自己的情況下，都能夠沉得住氣、仔細觀察，等待屬於自己的時機來到。

解牌說明

有一次很巧合的，兩位相隔一星期來找我的個案，他們問的工作項目都一樣，同時也都面臨工作單位要跟其他公司合併、卻遲遲不知道最後結果的困境。兩位在占卜詢問後，A抽到隱者牌，B抽到倒吊人牌。

我告訴A，他們公司跟對方之間要清查的資產、合作廠商等資料太多，導致所需要的工作時間會比原定時間更長，所以合併時間會往後拖延，但整體來說，合併後的狀況應該算是滿穩定的。至於B，我判斷這兩家公司已到了應該合併的時間點，不過還是不會有動靜，因爲雙方對於這次的合併，在條件認知上都還有太多不滿，彼此也不是很信任，所以最後很可能會不了了之，各自另尋合作對象。過了一陣子之後，這兩個個案分別跟我回報狀況，最後結果都跟牌面上顯示的一模一樣。

此外，相信大家對長壽日劇《阿信》中的一段劇情都印象深刻。女主角阿信的丈夫龍三，因爲生意失敗，自暴自棄無法工作養家，有孕在身的阿信忍著辛苦，以自己的美髮手藝出外工作養家，但丈夫有了靠山，卻更加沉淪，甚至拿她賺來的錢花天酒地，最後阿信發現長此以往，反而會讓這個家加速敗亡，於是心一橫把工作辭了，整天在家閒閒度日，就算管家伯伯驚慌地告知阿信，家中的水電已經被停了，阿信還是悠哉地說：「這樣哪叫慘啊？你們是沒有眞正窮過，沒水沒電算什麼？就看看接下來會怎樣吧！」直到龍三驚覺事態嚴重，再也無心花天酒地後，才四處奔走解決家中基本的民生問題，接著他信心恢復了，開始認知到自己是一家之主的責任，重新工作，回到生活的常軌。

倒吊人牌在安然受苦之後得到的智慧，就是代表已到了無力回天的階段，要接受現況、臣服於生命，不要太過努力去設定生活該怎麼過才正確，接受生命的原貌，才不會妨礙應該要有的自然流動。

我是怎樣的一張牌？

倒吊人牌是一張很消極的牌，所以不管是什麼問題抽到這張牌，都會有一種找不到方向前進的感覺，而造成拖拖拉拉的狀況。讓我們回顧一下前面的隱者牌及戰車牌，同樣也會有拖延意味，但它們不同之處在於：隱者的拖延是因為待辦事項太多，戰車的拖延是因為苦思良久下不了決定；而倒吊人牌的拖延，就沒有什麼具體原因，很可能是單純地提不起勁，或是感覺不對，或者覺得反正做什麼事都不會有結果，乾脆消極地不去面對了。

※練習題（作者在部落格回應）

大家應該都看得出倒吊人牌有「無爲」的意思，如果有配偶的人問：「我的婚姻狀況。」抽到這張倒吊人牌，請問他的婚姻狀況目前面臨什麼樣的問題？

13 死神牌 The Death

元素 水 水元素在這張牌顯示的特質：昇華、融解、由小我進入大我、淨化與被淨化、蓄積、需要流動、轉化。

數字 13 西洋人害怕13，如同華人對4的忌諱。可能的原因是，我們之前提過12是一個周期結束的數字，而13被認為是「多出來的」，代表破壞及干擾的力量。例如傳說中出賣耶穌的猶大就是第13個門徒；而挪威神話也提到未獲邀參加聚會的第13位神祇使地球陷入長期黑暗中。

牌義

死神牌是電影劇情最愛拿來大做文章的一張牌，我想那是因爲編劇也不認得其他牌，所以除了死神牌之外掰不出其他牌。事實上，死神牌雖然也代表消亡，但是卻沒有大家想像的那麼猙獰；死神牌是在倒吊人之後出現的牌，象徵在走完一個12的完全數後，盡頭即將來到。所以死神牌的死亡，是一種自然現象，表示氣數已盡，該結束了，如果不結束，新的階段就沒有辦法展開，一點都不慘烈，反而有種壽終正寢的味道。

因此死神牌的公認牌義，就是「**結束**、**盡頭**、**滅絕**、**有時會是新生**、**分開**、**改變**、**踏入下一個階段**、**置之死地而後生**」等性質。

對死神牌的畏懼是不必要的，因爲你沒辦法抗拒改變。看到抗拒改變的人，我常會想到最初的電話是由人工接線的，後來發明了「步進式自動交換機」後，民眾就可以直撥電話，不再需要接線生。但是這個改變，卻引起接線生的群起抗議，害怕剝奪了他們的工作機會。大家都可以瞭解這是白費力氣，因爲當你已經失去原有的價值時，與其死賴著要人家垂憐，不如爲自己創造出新的價值。

解牌說明

人類怕死，有時候怕的其實不見得是死亡這件事，而是死後不知道會如何。也就是說，人們恐懼的往往不是事件本身，而是「未知」。我們不能永遠在同一個地方原地踏步，但是大部分的人都會陷入一種慣性，到了該改變時，還死守著現有的狀況不放。我們常常把人事物的死亡與消失，視爲是一種無常，但是死神牌代表的結束及死亡卻不是無常，而是常態中我們無法否認的一部分。死亡是生命的一部分，是重要的一個環節，無法避免，也一定要面對。

這就好像我們從小學畢業了，需要悲傷嗎？我們並不是離開小學就停止學習了，接下來還要進入高中、進入大學，邁入截然不同的新階段，這是必然的。如果你一直停留在小學程度，那才需要悲傷呢！所以如果你在愛情中抽到死神牌，代表的是戀愛結束，但有可能是分手，也同樣有可能是走入婚姻。死神牌是順應天道的，結束就只是結束，沒有好或壞。

只是我們往往害怕不熟悉的事物，「已知」比起「未知」，反而讓人比較容易接受，所以遭受家暴的婦女會一再回到惡劣的丈夫身邊、被劈腿的人會一再原諒背叛他的情人……，都是源自於這種依賴、狹隘、不想面對新事物的心態。死神可能代表這些人跨出去展開新生活，也可能代表如果你不結束目前的生活，就會被糟蹋致死（不管是肉體或心靈上）。總之，現有的狀況是一定要結束的。

莊子臨死前，爲替他傷心的人講過一個「麗姬悔泣」的故事，原文是：「麗之姬，艾封人之子也。晉國之始得之也，涕泣沾襟；及其至於王所，與王同筐床，食芻豢，而後悔其泣也。」文中描述名爲麗姬的美女，被晉獻公搶奪爲妃時傷心之至，以爲接下來的人生就此完結，沒有想到後來過的是吃好睡好的日子，這時才覺得當初是不該哭泣的。

當然我們不能說，被死神牌終結後，接下來就一定會遇到比原來還要幸運的事，但是你的人生一定會有機會面臨一些新的狀況，並帶給你不同的際遇。

我是怎樣的一張牌？

幾乎每個人都害怕死神牌，認為它代表死亡、絕望，但其實死神牌並沒有那麼悲觀，反而比較接近「死胡同」的意思，不見得沒路走，但它也不是一張「絕對」代表新生的牌：要重生，還是要被淘汰，一切都要看當事人如何因應。在整個狀況氣數已盡的時候，與其苟延殘喘，不如自己先放手，轉個方向，用最後的一點資源來奠定新局面的基礎。如果抗拒改變，那就等著被環境徹底淘汰，永無翻身機會了。

※練習題（作者在部落格回應）

死神牌是大家都很忌諱抽到的一張牌。如果是工作上的問題，在牌陣中的「建議」位置抽到死神牌，請問讀者認爲當事人應該採取什麼樣的做法？

14 節制牌 Temperance

元素　火　火元素在這張牌顯示的特質：躍升、神聖、往上提升、高貴、更新、自我超越、轉換、跨出原有的領域。

數字　14　14這個數字，是1跟4的結合，代表在4的穩定中站穩腳步，然後1還是可以開創出全新的局面，也代表一個更高的自我意識。這兩個數字加起來是5，暗示這張節制牌與教皇牌一樣，有穩定及引導他人的意味。

牌義

這張節制牌，有很強烈的「提升、超越」意味。經由上一張死神牌把舊有的泥淖都清除後，節制牌代表你站在一個更高的位置，格局變得更大，可以把許多以前跟你理念衝突、不合的事物都整合進來。我們都知道，每個人都有對的部分及錯的部分，如果想要得到一個最好的結論，就必須拋去自己原有的堅持，把各種可能性都考慮進來，才會幫助自己順利成長。當你超脫了原有的自我，就等於成就了更高的自我。

節制牌的公認牌義，就是「**教育、旅遊、學識、升學、心靈成長、溝通、協商、雙贏、潛移默化**」等性質。

節制牌的火元素，讓它的重點並非在「穩定」，而是在「提升」及「突破」。因此節制牌不是被動的接受知識，而是本身有強烈的求知欲，它對於知識不是拿來使用就好，而是會「吸收、整合爲自己的一部分」，就像煉金術一樣，會造成雙方的轉化；人跟知識已經無分彼此，而是融爲一體，能夠運用得更爲自如。

解牌說明

從歷史上可以發現最早的塔羅牌中，節制牌的圖像就一直跟「融合」脫不了關係，通常是一位天使拿著兩杯液體，互相倒來倒去，就像我們拿了一杯鹽水及一杯糖水，把這兩杯倒來倒去混合，就可得到兩杯鹽糖水一樣。這樣做的結果，是鹽水跟糖水都還保留原來的特質，但又沾染了對方的性質，創造出第三種混合的特質。

就如同一男一女生出帶有兩人特徵的小孩，這個小孩就是兩者融合的結果，也是一個新的生命模式，超越原來兩個人分別擁有的特質。（而戀人牌就是雙方交流卻不融合，節制牌是化學變化，而戀人牌像物理變化。）

正因爲這樣的特質，如果在愛情或不管任何形式的關係牌陣中抽到節制牌，我通常會覺得這是一段非常理想的關係，因爲這代表兩者都願意放下原有的堅持，去接納對方的影響力，這樣的互相包容，得到的結果往往會是兩者都變得比以往的自己更好。婚姻觀中有一句大家常常掛在嘴邊的話：「夫妻要共同成長，感情要彼此包容。」這樣的說法，節制牌可以說是一張最好的代表牌了。因爲彼此互相交流，已經不是「溝通良好」足以形容了，我認爲已到達一種「有默契、心有靈犀一點通」的程度了。

節制牌也是很好的協調牌。我們常常會遇到一種狀況：看著兩個爭論不休的人，彼此衝突得很激烈，但仔細聽聽兩個人的陳述，會發現他們的看法其實是不衝突的，只是溝通語言差異太大，又缺乏耐心，所以才會形成一種雙方好像是對立的錯覺。就像瞎子摸象，每個人都沒有錯，只是對的部分不同而已。

有件事一直讓我印象很深刻，早年的醫學界，還不是很清楚胎兒的生命是從哪裡來的，十七世紀起就有兩派在爭論，一派是精源論（spermist），另一派就是卵源論（ovist）。精源論者認爲精子是會游動的，因此具有生命跡象，而卵子就像蛋黃一樣，只是養分來源而已，甚至還想辦法要在精子中找一個小人形。他們認爲，如果沒有一個小人形，手、腳、頭如何知道要從哪兒長出來呢（那時還沒有基因學觀念）？卵源論者則認爲卵子是一顆圓球，有大地之母的象徵，又像是星球，圓形是上帝創造過最完美的形狀，所以生命應該是從卵子來的。

直到十九世紀的德國生物學家赫特維希（Oskar Hertwig）透過顯微鏡，發現精子鑽進卵子之內，兩者合而成爲一體的細胞，這兩派的爭論才終於劃下句點。現在來看兩者都是對的，但兩者也都有錯，雙方都只掌握到一部分眞理而已，必須合而爲一，才能得到更完整的答案。這個例子充分地傳達了節制牌「融合、學術、知識、突破原有框架，以達到更高境界」的含意。

我是怎樣的一張牌？

節制牌常被認為是煉金術代表牌，所以也象徵求學、成長、心智上的提升。巧的是，煉金術是化學的前身，而節制牌代表的這種質變，正好就通稱是一種「化學變化」。至於常被提起的「旅遊」，我認為旅遊中的見聞，對我們產生的效果就跟念書一樣，都是傳遞一些新訊息給我們，讓我們接收後產生變化，產生一個新的見解。

※練習題（作者在部落格回應）

如果是跟情人或配偶相處，節制牌當然非常和諧，但是在單身的狀況下，抽到節制牌代表的意思是什麼？

15 惡魔牌 The Devil

元素 土　土元素在這張牌顯出的特質：物質、肉體、錢財、感官欲望、阻礙、困境、非靈性、利益、執著、自私、固執。

數字 15　1跟5加起來是6，隱含戀人牌的意味，但是戀人牌的輕鬆自在、充滿新鮮感，在這裡已不復見；取代的是1的自我、5的領導欲。當你關心的不再是對方的一切，而是如何才能對自己有利時，這個關係就會成為對方的牢籠，而你身為獄卒，也不會比受囚者自由多少。

牌義

上一張節制牌代表兩者水乳交融，但是完全的契合只是一個提升自我的成長過程，每個人都不應沉溺於其中，或者把這種關係變成一種依賴。就像一開始談戀愛時，有人跟你心心相印的感覺非常美好，但是如果你放下生活中其他事情，把兩個人在一起這件事變成你的生活重心，那麼關係很容易開始變質。惡魔牌是一種非理性的依賴，存在於兩者之間的不再是愛與瞭解，而是占有與控制；加上惡魔是一張土元素牌，形成的壓力和限制會牢牢箝制住你的日常生活，形成一種業力的綑綁。

惡魔牌的公認牌義，就是「**無法自拔、肉欲、現實利益、錢財、物質面、自私、政治考量、**

墮落、受困、煎熬與掙扎、不明朗」等性質。

這張惡魔牌雖然象徵受困的狀況，但因爲頻率低、密度高，跟我們的物質世界是非常契合的。所以惡魔牌雖然缺乏靈性及眞正的情感，但是在「感官層面」上，這張牌都象徵著極高的享受，也可以占有很多，包括錢、性愛、食欲、社會地位……，只要抽到惡魔牌，都代表你是可以「得到、擁有一些具體的事物」，所以這張牌在財運及事業運方面，不算是一張太壞的牌。只是在缺乏覺知性的狀況下，很容易讓你迷失其中。

解牌說明

事情很容易被兩極化。古早的信仰當中，推崇的是母性、陰性的本能，所以生育能力、肉欲、飲食享樂，都被視爲是神聖天地的一部分，所以才會有豐年祭、求偶之舞及歌頌生殖能力的各種古老神話故事。但是在天主教出現且當道之後，歌頌的是靈性及超脫的一面，因此以往被視爲美好的感官享樂，到了這時就變成肉體的原罪與束縛，認爲人類就是被自己的感官奴役，才會無法成長。

這些所謂「比較文明」的宗教，認爲性與享樂，甚至錢財，都是不潔的、污穢的；而偏向大地之母「豐收、享樂」的信仰，以及相關的象徵，就被推崇天父的天主教貶低爲「惡魔」——也就是人性中一切誘惑與沉淪的始作俑者。我們都知道，在推崇聖潔禁欲的宗教觀中，不只禁止婚前性行爲，也不能貪圖錢財，嚴重者甚至連食衣住行的起碼生活都不能太講究；他們認爲要禁欲、反抗人類本能，才能獲得更大的超脫，而私欲是最大的罪惡源頭。

惡魔牌重視享受，沒有感情的交流，所以在感情上，常常會被認爲是只有性沒有愛，或是爲了金錢權力而結合的婚姻，這些我都認同，甚至我還認爲，如果只是爲了外表、特定條件而結合的關係，也應該算在惡魔牌的帳上，因爲同樣都是目的導向，而非感情因素。

有人認爲這是指一夜情、縱欲，我卻覺得不像。如果是一夜情，那麼問題還好解決，但是土元素的惡魔牌有糾纏的意味，就代表問題沒那麼快就能解決掉！一夜情未免太好擺脫了，除非一夜情之後懷孕了或留下什麼感染後遺症，才比較像是惡魔牌的綑綁與業力糾結。

除了一些爲財爲肉體，不算是眞愛的關係之外，還有一種關係我認爲也在惡魔牌範圍內，但當事人往往自以爲是眞愛。那就是你交了這麼一個對象，對你不好又花你的錢，劈腿或打人都有可能，但你「不知道爲什麼就是離不開他」。我認爲這也是惡魔牌象徵的「非眞愛」，你離不開這樣的對象不是因爲太愛他，而是因爲你對自己的評價太低，才會讓自己沉淪於劣質關係中，這也是惡魔牌代表的束縛、受限，以及只有本能、缺乏智慧的意思。

我是怎樣的一張牌？

一般惡魔牌圖案中，那位長著角的惡魔是以半人半獸的牧羊神潘恩（Pan）為代表人物；潘恩是一個離群索居的孤獨神祇，外表醜陋，頭上長角，又被視為是充滿獸性與色欲的代表，因此被用來跟惡魔牌對應。但我們不能忘記，牧羊神音樂才華洋溢，而色欲及音樂才華都是感官享受的一部分，所以如果我們把範圍放寬一點，就會知道，惡魔牌不全然是負面的貪財、貪色與現實，其實它也可以代表我們肉體上的享樂能力。這種感官能力很珍貴，也是我們生根在俗世間的重要連結：只是凡事一旦過度，就會產生「執著」，容易讓人沉溺其中，忘記還有其他更高的事物要追求，甚至到了上癮不可自拔的地步。

※練習題（作者在部落格回應）

就感情層面來說，惡魔牌不是一張好牌，但就金錢利益來說卻是一張好牌。如果問題是：「我自行創業，發展性會如何？」而抽到的是惡魔牌，讀者會給他什麼樣的建議？

16 塔牌 The Tower

元素　火　火元素在這張牌顯出的特質：爆發、災難、意外、傷害、震驚、毀壞、新生、轉化、超越、重生、巨變、顛覆、清除、毀滅。

數字　16　16加起來是7，7有學習、累積經驗，想要向上突破的含意。但是「成長」往往不是漸進式的，與其一點一滴去消化，倒不如用火元素的方式，一次給你一份大功課，如果過得了這一關，你的成長就會加速。

牌義

在上一張惡魔牌中，人事物都沉淪到底，而且因爲糾葛太多，已經沒有辦法好好地梳理、解開，如果要擺脫這種困境，唯一的辦法就是壯士斷腕！塔牌是火元素，會不囉嗦地硬生生切斷一切進行中的事物，會帶來驚嚇及創痛，還會讓當事人產生抗拒心態。但是就算一時沒辦法接受，當塔牌出現時，表示快刀斬亂麻會是最快也最有效的辦法，它會在你來得及後悔之前，把所有的後路都斷掉；你在沒有退路的狀況下，才會找得到新的出路。塔牌是一張快狠準的牌，雖然會破壞你的安全感，但是可以斬草除根、讓你重新再來過。

塔牌的公認牌義，就是「**破壞**、**痛苦**、**戰爭**、**決裂**、**衝突**、**突如其來**、**天災人禍**、**意外**、**突**

發狀況、被中斷、打擊、瓦解、建設前的破壞」等特質。

前面在死神牌的時候，我說死神的消亡是一種自然律、是一種「定數」，它是在「有常」而非無常的範圍內，因爲死神帶走的都是氣數已盡的東西。然而，塔牌雖然也象徵消滅、結束，卻比死神牌更接近「無常」的意思，塔是中斷、是措手不及，就像夭折或飛來橫禍一樣讓人沒有心理準備、難以適應；看起來充滿生命力的事物，卻在片刻間瓦解，造成精神上的重擊想必會更大，但也更容易讓你看清生命的實相，進而全盤顛覆你的人生軌道，改變你往後的人生。

解牌說明

如果說死神牌是壽終正寢，那麼塔牌就有天打雷劈的意思（好啦！有時沒這麼嚴重，但至少也有生命像是被「奪走、切斷」，而非自然消失的意味在內）。就很像我們如果對政治、民族性不滿，常常會開玩笑說「乾脆砍掉重練最快」，其實這句話有幾分眞實，只是很多事情，眞要砍掉，恐怕沒人下得了手，但如果這眞的是最好的方式，老天爺就會替你下這個決定。

有一個「三世業報一世還」的故事，很能表達這張塔牌的精髓。民間傳說北宋年間包拯爲相時，有一個村莊住了一個乞討維生的殘腿孤兒。這名孤兒心地善良，看村內有一條河，老人家跟小孩渡河不易，因此不顧自己身體的殘疾，天天撿石頭堆在河邊，說是要準備建一座橋。一開始當然引來眾人訕笑，但看孤兒日復一日未曾中斷，村民漸漸感動，也跟著他投入採石堆石的行列，準備造橋。

到了石橋開始動工沒多久，在一次鑿石中，孤兒意外崩瞎了雙眼，眾人都爲他怨恨不平，認爲這樣一個好孩子，老天對他實在不公平。但孤兒自己沒有抱怨，仍舊全心投入造橋工作，一心只想完成這件造福村民的大事。終於，石橋在眾人齊心合力之下完成了，但是石橋才剛完工，孤兒卻被巨雷劈中身亡。村民震驚又不捨，完全不能接受這種結果。

隨後當包公進入這個村莊時，眾村民攔轎，告訴包公這件不公不義的事，包公一時也義憤填膺，在孤兒的遺體手臂寫下「寧行惡勿行善」六字，表示對天道不公的抗議，然後就離開了。當包公回到京城後，皇帝私下召見他，要包拯來看看剛出生的太子，結果一見太子，居然發現「寧行惡勿行善」六個字像胎記一樣顯現在太子的手臂上。

夜裡包公躺上陰陽枕，到陰間查明此事。經由陰間紀錄顯示，這孤兒前世作惡多端，閻王判他第一世腿殘行乞、第二世崩瞎雙眼、第三世遭雷擊曝屍荒野；但由於孤兒一心助人，全無私念，因此老天爺格外開恩，讓他三世的業報全在這一世中快速了結，並且馬上投胎爲太子，享受榮華富貴。

這張塔牌跟這個故事非常契合，它代表天道的邏輯，不同於我們慣用的邏輯：美好的禮物，有時會用醜惡來包裝。在我們眼裡看來活著才是好的，但對孤兒來說，這種貧窮殘缺的生命卻是困住他的籠子（惡魔牌模式）；塔牌爲他擊破這個牢籠，雖然過程讓人痛苦，但你展開新人生後再回頭看，才會懂得當初經歷這一切是爲了什麼。

我是怎樣的一張牌？

塔牌是一張快狠準的牌，雖然會令人措手不及，卻是快刀斬亂麻解決一切的最有效辦法。塔牌雖然也與死神牌一樣，都有消滅、結束的意思，卻比死神牌更接近「無常」，因此對人的精神打擊更大，進而全盤顛覆你的人生軌道，改變你的人生。

※練習題（作者在部落格回應）

塔牌是一張摧毀、決裂、推翻過往的牌，請讀者想一想，在什麼樣的狀況及問題中，你最希望抽到這張牌？

17 星星牌 The Star

元素 風 風元素在這張牌顯出的特質：平靜、理智、思考、思緒清明、抽離、先知、未來性、電波、藍圖、理想、冷靜。

數字 17 17號這組號碼是由魄力強的1，以及上進認真、追求突破的7所組成。星星牌是風元素，所以還處在前置階段，尚未行動及執行，但是1加7是8，表示這張牌即將要成就的計畫是非常實際且攸關許多人的一個大行動。正因為未來的影響層面廣大，星星牌的理想性非常崇高，不是一個小小的階段性計畫而已。

牌義

前一張塔牌的毀滅形態很徹底，會把至少是「有形」的東西摧毀得乾乾淨淨；這種毀滅可以像是剛被戰爭蹂躪過的國家，資源耗盡、人口減少、百廢待舉，但是星星牌就像是戰爭結束了，大家在重建家園之前，會有一段時期的寧靜，算是一種休息及復原，要從前一段時間的轟炸中痊癒過來。在這段時間之內，會充滿了對未來的憧憬，以及一股新生的勇氣，像是即將要在一片空地上蓋房子，在動手之前必須先進行測量、考核、構圖……等等基本規畫，而星星牌就是代表這種憧憬、計畫以及對未來的希望。

星星牌公認的牌義，就是「**美好、希望、憧憬、計畫、藍圖、寧靜、崇高、智慧、心靈交**

流、柏拉圖、精神性」等性質。

凡事在策畫及構想階段總是特別美好，因爲還沒開始受到現實打擊，秩序也還沒錯亂，等於是隔著一段遙遠的距離看著自己的夢，風元素的抽離感也讓星星牌還沒開始受到環境的考驗，一切想像起來都是毫無瑕疵。執行過企畫案的人應該知道，案子在書面上往往看起來很完美，實際執行的過程卻幾乎沒有一次會完全按照企畫步驟走。就像我們看夜空中的星星閃耀亮潔，距離如此遙遠，沒有太空船去探測之前，我們永遠看不到它們凹凸不平的表面。

解牌說明

有一次我在網路上看到一位陌生的網友發言，他想問的是「爲什麼塔羅牌會算不準？」我好奇就點進主題看，原來是他喜歡別班女生，但是那個女孩並不知道他的存在，而且沒過多久就要移民到國外。他覺得很挫敗，因爲他曾經針對這件事抽過塔羅牌問過，而抽到的正是星星牌。他認爲星星牌應該是美好而順利的，所以結論就是：「塔羅牌這次算得不準。」不過我們都知道，星星牌象徵「距離造成的美感」，以及一種憧憬的感覺，同時風元素也代表實質上沒有太親近的接觸，正好跟他的單戀（跟女孩心靈上的距離）及女孩移居海外這件事完全吻合。（所以千萬不要只把牌分成「好」跟「不好」兩種答案，這是我一再強調的。）

星星牌的精神交流，也可以延伸到崇拜偶像，或是心電感應這一類的共鳴上，甚至現在很流行的網路交談，也可以用星星牌來當代表，因為這都象徵一種「非現實層面的交流」狀況。我相信很多人都有過一種經驗，在看到偉大的作品時（不管是文學、繪畫或音樂），內心都會升起一股共鳴、熟悉及親切感，彷彿知道作者在創作時的內心感受，縱使創作者與我們素不相識，我們還是可以跟他交流，這也很有星星牌的意象。

在工作方面，星星牌則是象徵一種理想性，但是這張牌的遠大目標，讓它不至於落入不切實際的層面中。我常常有一種感覺，在工作或籌畫一個案子時，如果把心思放在「可以賺多少錢」或「有哪些好處」上，做出來的行動必會處處受限，而且不知不覺目光會較為狹隘。但是如果你是為了大家的需要，或者你心中已經臨摹出你要做的這件事，到最後會對眾人產生哪些影響與益處，很奇妙的，你就會本能的知道哪些乍看之下很有利的事應該放棄，而哪些乍看下無利可圖的事該堅持，而你做的這些決定就像一塊塊拼圖，到最後會合成一整幅完美的全景。這種理想性似乎只是一種心態，跟任何現實層面的作為無關，但到了最後，你才會發現這才是最核心、最重要的一個步驟，我稱之為「使命感」。星星牌的美好來得很晚，但絕對值得你用時間去等待。

我是怎樣的一張牌？

星星牌基本上是一張正面的牌，常常被形容得很美好，就普遍觀點而言也覺得是一張「好牌」。不過，風元素對於需要親暱感的戀情而言，本來就不是很有利，加上星星牌的抽離感太重、現實感太少，所以如果問的是感情狀況，星星牌通常代表的是最多只到精神性交流，我大都會把它解讀成「暗戀、遠距離戀愛」的模式，對充滿期待的人而言，這應該不是一個會想要聽到的答案。

※練習題（作者在部落格回應）

星星牌代表美好的憧憬，如果在工作職場上問：「我的人際關係呈現出什麼樣的狀況？」抽到的是星星牌的話，應該如何解釋？

18 月亮牌 The Moon

元素　水　水元素在這張牌顯出的特質：幻象、欺瞞、神經質、潛意識、業力、恐懼、情緒化、暗處、陰影、私密、陰性力量、女性潛藏本質。

數字　18　18是由1跟8組成，1有單獨的味道，8則是帶有深淵及現實的意涵，一個人若被困在自己內心的恐懼中，就會完全沒辦法發揮自己的能量，而8所賦予的強大力量也被隱藏住了。1加8是9，這是一個轉化的數字，代表要從這種內心的恐懼中掙脫，才有可能見到光明。

牌義

前一張星星牌構想了許多美好的藍圖，但只要在還未開始執行的階段，都是一種理想性的勾勒而已。月亮牌表示剛開始實踐的過程，理想在剛剛開始付諸實現時，總會遇到最多的阻礙與困難，這些都是必經過程，很多事在有經驗的人眼中，根本就是不值一提的小事，一點都算不上困難。但是在我們能夠適應之前，由於內心沒把握，以及對陌生的恐懼，會拿放大鏡看任何遇到的小阻礙，而且懷疑自己解決的能力。我們恐懼的往往不是事件本身，而是未知。

月亮牌的公認牌義，就是「**恐懼、無明、陰性的力量、神祕、隱藏、情緒起伏、潛意識、不安、迷惘、沒有把握**」等性質。

我們認識的月亮都是在晚間出現，雖然它本身就帶著光明，但是夜間的能見度低，我們視線能及的往往只是眼前的東西，而周遭無邊無際的黑暗，不知道藏了多少危險與埋伏，月亮會懷疑連自己也被陰影蓋住了；就因爲看不到，沒辦法判斷敵我情勢，所以會擴大也許只是想像出來的危險。就像人一旦做了壞事就會心虛，旁人講的每一句話，聽起來都像是在影射最害怕的那件事。就算你知道這只是幻想，還是沒辦法擺脫這種恐懼。水元素的無自主性與情緒波動，在月亮牌中最爲明顯。

解牌說明

我一直很喜歡一本討論哲學起源的書，書名是《在智慧的暗處》。當中有一些句子，最能表達出月亮牌的精髓，以及它存在的必要性。

*光是歸於黑暗，清晰是歸屬於隱晦。不能爲了光的緣故而否定黑暗，因爲一切都包含著它的對立面。

*人不向下走就不能向上走，沒有經過地獄就到不了天堂。

*把智慧藏在死亡中，眞是個最巧妙不過的安排。每個人都在逃避死亡，所以每個人也是在逃避智慧。只有那些願意付出代價和逆流而行的人例外。

*想要得到光，你就必須徹底走入黑暗，直達它的盡頭。

雖然在本書中，盡量不以牌面圖案來做牌義引導，但我不禁想到托特牌中的月亮牌，牌面圖案就是埃及神話中的故事：下弦月高掛在正上方，下面是阿努比斯（Anubis）守住冥界入口，而進入冥界的那條路，延伸到盡頭就到了牌的下方，那裡有一隻聖甲蟲，上方托著一枚太陽。在埃及神話中，太陽每天就是由聖甲蟲推行繞天一周，到了晚上就進入冥界，第二天再從冥界走到天上，甚至連太陽神跟冥界之神都是由同一名神祇歐西里斯（Osiris）代表。

太陽就住在冥界之中，而太陽神歐西里斯之後降到凡間成為第一代法老王，變成農業及尼羅河神，死後成為冥界之神，又生出了下一任的太陽神；這就像是一個完整的靈魂循環，雖然我們都怕月亮牌帶來的內心恐懼，但我們就是為了面對這件事才降生到地球上來的；等經歷了這一輪循環，我們才能真正完整，認清楚自己是誰。

我是怎樣的一張牌？

月亮牌正好處在星星牌及太陽牌之間，所以月亮牌的意象（或說是功能）非常明顯，在星星牌的「發想、憧憬、希望、構思」之後，要達到太陽牌象徵的「成功、光明、勝利、達成」之前，中間必須經歷的過程，就是月亮牌代表的「挫折、恐懼、自我懷疑、不安及迷惘」。在星星牌的階段，會相信人生都是美好的，相信自己一上路，就會暢行無阻地邁向目標，但是等你受到第一次失敗、第一個否定、第一次背叛、第一次徒勞無功之後，就會開始懷疑自己的目標是不是太過天真？是不是太高估自己？這個世界其實並沒有你的容身之地？……你會從極度樂觀，掉入極度悲觀，覺得自己一無可取、軟弱無能的想法會困住你。

但月亮牌畢竟是一張水元素牌，它製造出來的並不是現實環境中的阻礙，而是你對自己的否定及干擾，只要看清它，你就可以清除它……不，不需要清除，而是認清這些負面思慮其實都是假的。也唯有看清自己的軟弱及意志不堅後，才能重新站起來，設定一個自己真正該達到的目標，並且擁有更多韌性，更有勇氣把自己的不完美變成一種前進的推動力。

※練習題（作者在部落格回應）

月亮牌代表迷惑不安，以及「不知道該怎麼辦」，如果感情發生爭吵，希望就「如何處理目前的爭執」這個問題獲得建議，抽到月亮牌的話，要如何解讀？

19 太陽牌 The Sun

元素 火　火元素在這張牌顯出的特質：明亮、自信、領袖氣質、群眾魅力、尊嚴、權力、耀眼、溫暖、生命力強、樂觀、直線式思考。

數字 19　19這組號碼，是由能量極強的1，及能夠躍升到更高層次的9所組成，1加9是10，等於是從個位數進入到十位數的階段，是另外一個新的階段又開始了。前面的一段路已經走完，接下來又要進入下一段旅程，有新的挑戰與際遇了。

牌義

在前一張月亮牌中吃盡苦頭，也勇敢面對了自己心中的黑暗面及陰影之後，外在的挑戰與困境都已不是太大的問題，到了太陽牌的階段，正是柳暗花明又一村，在完全掌握住局面、自信滿滿的狀況下，身邊的一切都會順遂了起來；而且太陽牌開朗又光明正大的特質，會感染很多人，不知不覺就會吸引很多相同的正面力量，這是一張揚眉吐氣、燦爛光明的牌。

太陽牌的公認牌義，就是「**順利**、**達成**、**名聲**、**一帆風順**、**愉快**、**友誼**、**光明正大**、**人緣佳**、**活力充沛**、**受人尊重**、**溫暖**、**積極**、**正向**、**信用**」等性質。

雖然一般都覺得太陽牌在任何方面都無往不利，但我覺得還是有個範圍。太陽牌是火元素，行動力極強，所以不會因爲得到一點點成就，就待在原地不動。一般人最想要得到的不外乎是名聲跟財富，但是太陽牌希望大家都快樂，而且它重視成就感、形象，也因爲如此，所以會大方願意分享，不會執著於想抓住一些固定的錢財及具體事物。

解牌說明

太陽牌是一張全面性的好牌，但不代表從此以後就無後顧之憂，它只代表你過去經歷的好好壞壞，到目前爲止都已經得到了一個最好的結果。當然太陽牌也不是說接下來就一定是壞的，而是在告訴你，目前你得到的所有一切，需要花很大的誠意與努力去維持，才能把自己保持在較佳狀態；而且需要做各方面的努力，才能從太陽牌打下的良好基礎蓋起穩固的大樓，不會因爲一點點變動就受到威脅。

太陽牌的種種優點，光是看牌名及牌面，大家應該也心裡有底了。雖然太陽牌幾乎沒有什麼缺點，但也有「需要注意」的地方，這張牌象徵一切都在高點的時候，回想一下我們自己的人生經歷，當一切都順遂時，是不是覺得世界本來就是這個樣子，光明無害，因此對於一些小細節都不會去注意，往好處想，這是不拘小節，但往壞處想，會把凡事看得太過單純，而忽略複雜及細膩的一面。有些人會覺得這樣是善良單純，但我覺得太陽牌善良歸善良、大方歸大方，甚至也很願意對所有「明顯的」弱勢者伸出援手，但會少了一種可以深入人心的同理心，也缺乏了傾聽時的分析能力。甚至如果一些悲慘或不公不義的事，如果不是把錯處明擺著攤在面前，而是變成一些檯面下的勾當、僞裝過的合法情事，太陽牌是沒有能力分辨出來的，因爲它的心思不會主動地往陰暗面去探索。在這種情況下，很容易會被利用，嚴重一點甚至有可能助紂爲虐而不自知。

我在教偉特塔羅、托特塔羅等不同類型的塔羅牌時，往往同一張牌的延伸牌義會有點差異，但就太陽牌來說，我都會提醒學生要格外注意，抽到太陽牌是可以放心，但是不能覺得問題都不存在了，有時只是還沒有顯現出來而已。我常拿攝影棚替女明星打的「蘋果光」來做例子，人的肌膚很少是完美無瑕的，或多或少都有一些缺點，但是在螢光幕上一定要呈現出最好的效果，所以就會用一種強力的柔焦光線打在女明星臉上，所有坑洞或細紋或任何不完美的瑕疵，都在這種光線的修飾下不見了。瑕疵當然還在，只是看不到而已。

這就像位高權重的人，身邊的人往往會報喜不報憂，讓他看不清楚事情的全貌，以爲天下無大事。所以用太陽牌來代表權威人士、領袖，也是一個很貼切的象徵。

我是怎樣的一張牌？

太陽牌可以說是一張最正面的火元素牌，彷彿正站在世界最高點，凡事降臨到它身上，都會變成正面的發展；尤其是事業運、身體健康、考運等需要足夠能量來加強運勢的事情。但是火元素畢竟是短時間內燃燒，不像土元素一樣可以長保康泰，所以太陽牌比較像是一件事情的高點，或是達到某個特定目標的那一刻！例如金榜題名、升官、登台、達到預設目標、成績揭曉後的勝利……。我並不認為太陽牌代表全面性的勝利，應該只是在單一事件上達成目標而已。

※練習題（作者在部落格回應）

太陽牌是一張光明愉快的牌，幾乎在所有狀況下，都象徵著好的發展。如果問：「我有個剛交往的女友，請問這段感情的弱點是什麼？」抽到的是太陽牌，應該如何解讀？

20 審判牌 The Judgement

元素　水火　水元素在這張牌顯出的特質：內在、潛意識、深層、業力。火元素在這張牌顯出的特質：徹底改變、摧毀、強烈、顛覆。

數字　20　20相加起來還是2，代表一種二元性的激盪，有另外一個完全不同的選擇出現在你生命中，看看你願不願意為自己打開另一個視野、擴大格局。2加上水火二元素，象徵審判牌會有一個徹底的轉化（火），但是會發生在很深的意識層面（水），而非在表面形式上。

牌義

前一張太陽牌的光明與勝利，已經替這趟旅程做了一個完美的註腳。可是我們說過，太陽牌只是某個階段、某個面向的勝利而已，我們若想要得到全面性的成功，就必須下定很大的決心，讓自己蛻變成不同的人。就像如果一般平凡老百姓想要獲得很大的財富及名氣，第一步就是要讓自己對錢、對世界的觀念有根本性的轉變，你的意念一轉，潛意識就會主導你的人生，往你設定的方向走去，即使當下這一刻看來並沒有什麼不同，你的未來也已經整個改頭換面了。（有一本書的書名就取得很傳神：《有錢人想的和你不一樣》，重點就在於「想」，因爲心境會主宰你的所有行爲。）

審判牌的公認牌義，就是「**轉捩點、內在的變化、下決定、關鍵性的一刻、重生、轉換、進入截然不同的領域、新的世界**」等性質。

有一首禪詩說：「開悟之前，砍柴、挑水；開悟之後，砍柴、挑水。」審判牌象徵的是一個跟過去截然不同的人生，但那個轉變是從你的內心開始蛻變的，在實際上的生活中，當然有可能出現一些決定性的轉變，比如轉行、搬家、改變打扮、戒菸等等。但也有可能一切如常，沒有出現明顯可見的變化，但越是不在表面上呈現出來的，內心的變化就越劇烈。一旦改變是發生在靈魂層次，影響的時間就越長遠。

解牌說明

有人說，正義牌既然是有公權力的意味在內，也可以對應法官或司法系統，那麼這也是一種審判的機制啊！這麼說來，審判牌與正義牌最大的不同又在哪裡？

這兩張牌的不同之處，可以從許多不同角度切入，但最簡單的說法是：正義牌改變的事，傾向於形式上（風元素）；而審判牌改變的事，是在本質及意識面（水元素）。因此我認爲，審判牌的形式可以變，也可以不用變，反正你已經擁有了新的眼界與價值觀，就算是事實不變，在你眼中也有了完全不同的意義了。

舉一個例子來說，A小姐及B小姐同樣爲了丈夫外遇的事情來詢問，最後的「結果」位置，A小姐抽到正義牌，B小姐抽到審判牌。我問學員說：「你們猜哪一個選擇離婚的可能性比較大？」一般都是猜抽到審判牌的B小姐，因爲大家認爲離婚是大事，會改變人生面貌，因此理應是審判牌代表的含意。

但是我跟大家解釋，正義牌代表的是法律與公權力的部分，婚姻是一種司法上的權利義務，但它無法規範愛情和人心；一個女人就算離婚，也不代表她可以擺脫自己心靈上的紛擾，她很有可能離婚後，整天追問小孩：「爸爸有沒有帶什麼阿姨回家？」或許自暴自棄，或許四處尋找新的愛情轉移自己的注意力，這都代表她無法完全切割過去。

如果是審判牌，事情就清楚多了。這個女人可能從過去、現在，省思自己到底要的是什麼，眼前的丈夫又有什麼她不知道的一面，還有她人生的核心意義究竟是什麼？她的答案可能是：「我要的只是長期飯票，丈夫有錢拿回家，這才是重點。」也有可能是：「我要的是愛情，可以談戀愛的人很多，眼前的人不值得愛，所以我又自由了。」更有可能是：「我覺得我從來不認識這個男人，所以他也不值得我傷心了。」總之，不管離婚或不離婚，她已經可以完全擺脫丈夫的影響力，就算仍住在同一個屋簷下，她也不再是過去的她了。因此有可能根本不需要費事去離婚，有必要時再處理就好了。

審判牌的改變，應該是眾多象徵改變的塔羅牌中，最徹底而決絕的一張。

我是怎樣的一張牌？

審判牌與前面的牌常常會有性質相似之處。像我們常聽到人家說：「審判牌代表過去的已死，新的未來要開啓。」很多朋友就會聯想到：「那跟死神牌、塔牌的意思好像很接近嘛？」

我會拿植物來比喻這樣的狀況。播下種子，種子漸漸長出根、發出芽，原來播種下去的種子形態已經消失了；在這個狀況下，種子是死的？還是活的呢？這就像審判牌的狀況，它沒有死，但是本質已經完全改變了，雖然舊的種子消失了，但是以新的形態繼續存在。

等到植物長大，每年會花開花落，隔一年又再一次開花，這種「定期性」的死亡與重生，是一種自然律的循環，這就像死神牌。一般植物會有它一定的壽命年限，如果是非自然死亡，而且是發生蟲害或森林大火、雷擊這類的突發狀況，就比較像塔牌了；因為另一個新的循環要開始，來不及等你慢慢讓出位置，要在最短的時間內轉換完畢。

※練習題（作者在部落格回應）

審判牌象徵下一個重大決定，但如果你在兩個選擇中猶豫不決，例如「我該留在原公司，還是離職另謀發展比較好？」抽到的「建議」牌是審判牌，你會做出哪種選擇？

21 世界牌 The World

元素　土　土元素在這張牌顯出的特質：耐力、固定不變、有生產力、永續性、完整、不匱乏、擁有、整體的、社會、對群眾有益。

數字　21　2是二元性代表，加上1的完整性，兩個數字相加是象徵「衍生」的3，代表一樣東西如果本身走到了成熟的境界，就有創造新事物的能力。這樣的數字特質加上土元素，讓世界牌非常吻合「大地之母」及「萬物根源」這樣的意涵，讓土元素擺脫僵硬的性質，強調它「溫床、圓滿」等特點。

牌義

前一張審判牌，很像是事情到了最後的一個關卡，就像是《西遊記》中到了書末，還要補足第八十一個劫數；或是即將要畢業了，還要通過最後一次畢業考一樣。通過了審判牌，就來到世界牌這個一切都到位的時候了。世界牌平穩、完整、安全，不論在各方面都非常穩固，可以支撐住生命中所有的變動性；雖然要花很久的時間才能走到世界牌這一步，但是一旦到達了，我們就再也不會走回頭路，也不會失去辛苦得來的成就。世界牌可以說是一張把土元素的正面特質發揮到極致的牌。

世界牌公認的牌義，就是「**完整、穩重、成功、完成、句點、結果、傳統性的產業、歷史悠**

久的事物、定局」等性質。

相較於太陽牌，世界牌的成功是比較全面性的，並且有長久持續的特質。太陽牌比較像是考到第一名、考上公務員，或是終於完成一件作品了，但接下來還有無數的競爭在等待太陽牌，它的成功並不足以高枕無憂，只是有片刻的喜悅與滿足。相反的，世界牌代表的是經過無數考驗，過關斬將之後，終於建立起自己的帝國，或是開創出一片自己的天地，而且是經過眾人認同及長期的肯定，所以這片天地不會輕易崩塌，會有很長時間的一片榮景（類似一些老字號企業、百年店鋪一樣）。

解牌說明

在早期的塔羅網站上，對於世界牌常常有些爭議，尤其在感情方面。因爲世界牌象徵「已成定局、穩定、長久、不變」，所以有些人認爲，這張牌是象徵感情會走入婚姻。然而，世界牌既是土元素，不可能太濃情蜜意；而這張牌也有「難以突破、保持現況」的意思，所以也有很多人認爲，應該是不容易進入兩人交流的境界，頂多是維持在朋友階段的關係。

我覺得兩者都沒錯，要看問卜者本身的狀況而定。因爲世界牌的意思就是「現況不變動，或是要很長的時間才會有變動」，所以本人的現況非常重要。如果問卜者跟他的對象目前只是朋友關係，依世界牌的性質，要進展到戀人關係可能要花上很多的心力與時間，因爲會有好一段時間只是維持在朋友關係。反之，如果問卜者跟他的對象已經是戀人關係了，那麼世界牌的土元素就不會讓他們輕易分開，並且世界牌有「大團圓結局」的意味，所以修成正果的可能性非常大，雖然不見得會在很短的時間之內結婚，但是應該會廝守很長的時間。

我有一次帶一個活動：從單一問題，讓每個人抽單張牌，對照講義解釋。有時候，只抽一張牌還是可以從多個不同角度切入，得到很完整的答案。有一位看來像是高階主管的先生問：「公司目前的新產品，推出的計畫能否順利？」抽到的牌就是世界牌。

因爲世界牌有長久、慢慢成型的意思，如果他問的是：「這個產品能否得到好的市占率？」或是：「這個產品會不會在市場上永續生存？」那麼我就可以給他很樂觀的答案；但是他問的「順利」這一點，透露出他想要的，可能是短期內可以看到的某些成果，因此我沉吟了一下，對他說：「這個產品是有可能成功的，但過程會拉得比你預期的時間久。」他聽完苦笑著說：「其實我也猜得到。」我又看看世界牌，問他說：「你看起來像是高階主管，因此應該有很多機會接觸到老闆，是不是因爲他本身就很保守謹慎，凡事要有萬全把握才想出手。但你卻知道產品有它的時效性，推出太晚威力就不夠了，所以在這一點上，你會覺得老闆的觀念對你是個限制？」因爲「老闆、傳統、守舊、不輕舉妄動、不符合時效性、限制」這些性質，全都是世界牌的正反面含意。果然這位先生大吃一驚，說確實是這樣沒錯！接著開始談起他跟老闆之間的角力，以及他花了多少心血在新產品上，希望在最恰當的時機推出……

但是世界牌不管是問題或答案，都不是短時間之內可以輕易解決的，所以還是要看他如何處理這個功課了。但因爲有世界牌，所以我相信結局一定是皆大歡喜。（笑）

我是怎樣的一張牌？

世界牌是一張象徵已經凝固成形的牌，代表大器晚成，最終的成就很可觀，卻需要耗費大量的時間與心力來成就，「有戲棚下站久了就是你的」的意味。一旦成形，因為是長期累積的結果，也絕對不會崩潰。

※練習題（作者在部落格回應）

世界牌有一種已成定局，事情到了最後階段的味道，但如果是一個剛創業的人要問事業發展，卻在「過去」的位置抽到世界牌，該如何解釋世界牌所代表的意思？

PART 2

小阿爾克納數字牌

小阿爾克納又稱小祕儀，代表的是俗、凡人、具體而實際的日常處境及心境。由五十六張牌組成，其中又可分成權杖、聖杯、寶劍、錢幣四種花色，這四個花色各有十張數字牌，以及被稱為宮廷牌的四個不同人物代表。本單元要介紹的，就是塔羅牌中的四十張數字牌。

四大元素——西方神祕學界的潛規則

這幾年在教學的過程中，我發現一個很特殊的現象，許多號稱研究多年占星、塔羅，上過無數課程的老手，如果不是剛好本身理解力超強，或有一些特殊天分，通常在研讀完國內外各種占星、塔羅名著後，講起學術上的理論頭頭是道，但是眞要分析命盤或牌面，能講的東西通常幾近貧乏，不是局限在一堆關鍵字的窠臼裡爬不出來，就是把「亂猜」當成是「直覺」，所以占卜品質非常不穩定，如果遇到的是話多或個性鮮明的個案，就可以察言觀色地分析，但若遇到的是沒有靈感或不太提供資料的個案，就可能會束手無策或講不到重點。

我個人在解讀塔羅牌或命盤時，不太喜歡看到個案的臉或表情，因爲那樣反而會誤導我，不知不覺去講出對方想聽的話。事實上，牌面或命盤就是最客觀的資料，越不受對方干擾，反而準確度越高。但是爲什麼大部分號稱研究神祕學的人，反而無法面對最明顯的資料，而要像我們常說的江湖術士一樣從當事人身上撈訊息，再來東拼西湊呢？原因就在只靠關鍵字或書面資料，沒有辦法讓我們能夠眞正地深入核心，在底子不扎實的前提下，自己解起牌來也會心虛，會不由自主地去扭曲塔羅牌所顯示出來的訊息。

「四大元素」之於西方神祕學，就像是東方神祕學中的「五行」一樣，是所有學問以及天地規則、有形無形萬物的「基本元素」，不管在占星或塔羅牌中，都是一個重要的基本架構。在塔羅牌的解讀中，如果你能夠正確掌握四大元素，就等於是拋出一個錨，有了確定無誤的方向，才能進一步做更精細的分析。

舉一個例子，我們都知道火元素的定義是衝勁、熱情、不深思熟慮，但眞誠又專注。有一次在課堂上，一位學生說他正煩惱應不應該養貓，所以抽了塔羅牌來給自己一點建議。他將三張抽到的牌攤在桌上，其他同學覺得不太明確，因爲三張牌的關鍵字都是友誼、設定目標、決心這一類跟養寵物與否無關的字眼，而且好像不管是往正面或負面，都有其合理解釋。但是這三張牌其實有一個共同點：它們都是火元素牌。他抽牌要問的是「建議」，而火元素有行動、不要顧慮太多的意思，而且居然一次就出現三張，牌面上沒有其他任何元素，這麼強烈的火元素不就代表了……。於是我跟他說：「其實也不用我們回答你，貓已經在你家了，說不定連名字都取好了。」他有點不好意思地說：「呃，牠叫小虎。」

本書後半會提供多篇眞實個案，示範解讀時先確立整個牌面元素屬性的解牌方式，從實例中就可瞭解四大元素能夠讓占卜內容變得非常詳實且精確。前半部的牌義中也會敘述四大元素與牌義的契合點在哪裡，以便讓讀者更方便運用。希望本書能幫你解開許多塔羅牌占卜的密碼，至少從此不用再懷疑：「塔羅牌的準確度到底如何？」有信心做更深一層的研究。

火元素 10個階段

- **基本定義**：陽性・積極・情感・向上・揮發・有形無體。
- **特質**：集中、專注、自我中心、積極、有爆發力無持續力、有破壞力也有目標性、耐性不夠、愛競爭、用直覺不用大腦、不擅思考、急躁、注意力集中卻不持久、熱血、愛表現、自我中心、總是往前進往上躍、很少回頭檢視過去及內心、不留戀舊的東西、創造力十足、野心大、行動力強、有高度的熱忱與企圖心。
- **代表**：權杖。

火元素有一種唯我獨尊的特質，因爲它是因破壞才得以存在的。火元素沒有中間地帶，不是吞噬掉助燃物得以存在，就是失去助燃物所以消滅，幾乎沒有跟其他東西並存的特質。火的生成，首先就是要有燃點，燃點需要高度的能量集中，就像一般的陽光溫暖但不會燃燒，可是若用放大鏡將陽光凝聚成一點，這個光點就變成有燃燒性。燃燒是一種釋放，代表摧毀任何助燃物原有的物理結構，將熱能跟光引出來，所以開創性與破壞性同樣強，先死後生變成了一種「轉化」。熱空氣上升冷空氣下降，所以火元素也有提升及成長的意涵。

火元素因為不能與他者共存，就可知道何以火元素最常被用來當「自我意識」、「自我中心」的代表性元素。火元素跟水元素相反，它永遠跑在最前面、永遠是第一個行動的人，它代表一種新鮮與活力，也是存在於每一個人身體中的「原始本能」，火元素不是生命的源頭，它就是生命本身，熱情而直接。所以，才會用仍維持著自然界賦予它的本來面貌，未經太多修飾的權杖來代表火元素。

火元素具有高度追求自我表現的特質，形成它「獨立、有時會顯得不合群」的性質，有時這種「獨排眾議」會變成一種「勇於冒險及挑戰的精神」，堅持自己的想法需要很大的勇氣及高度專注力；但如果選擇錯誤，也會被認為是一意孤行、獨裁。如果你的選擇是當「先鋒」，那麼不管是成是敗，都沒有人可以跟你分擔，都要概括獨自承受了。

火元素爆發力強但無法持續，就像適合跑百米的選手，卻沒有辦法跑馬拉松；很容易可以成就一樣事情，卻沒辦法讓它穩定地保持下去。因此，權杖牌在前四張都是精力旺盛又充滿各種可能性，中間號碼的牌則是起起伏伏，到了最後的9跟10號牌，就呈現出筋疲力竭又無法再創造的感覺了。

以上是火元素的整體特質，但每個元素都會從幼稚期走向成熟期、乃至轉化期。在不同的階段中，都有不同的火元素單一特質會特別被強調。

權杖一號牌（火元素第一階段）

新生的火元素，一向不知天高地厚，只看得到自己。目標單一，沒有任何懷疑。

工作　初生之犢不畏虎，前途無可限量，可以大好，但也有可能因為太不注重自己以外的客觀想法，而在成功之後很快嘗到失敗。

愛情　不顧一切的激情與欲望，沒有想到未來，很直接地釋放自己的感覺，有可能一見鍾情，也有可能把其他強烈情緒或欲望錯認為愛情。

任何元素的第一階段，都是它的「嬰兒期」，火元素本身就已經帶有「**初生、不累積舊有事物**」的意味。因此第一階段的火元素，那種不受任何人控制，猛烈又直接的「新生、未定型」特質最爲明顯。你可以說它幼稚，也可以說它純眞。

因爲火元素的第一階段是完全處於開創階段，這張牌會不受任何約束與羈絆，盡情爆發出內在所有的想法與企圖，單純又天眞，直覺凌駕於頭腦，沒有任何思考及計畫，因此其作爲跟想法的優點是：最新鮮純粹，也最不含任何雜質；缺點則是：同理可證，它也完全沒有任何經驗，沒有任何可靠的架構。

這是一股最最強烈、卻也完全不成形的能量，有最大的可能性，但也有可能爆發完之後什麼都不剩。

權杖二號牌（火元素第二階段）

有強烈的「二擇一」意味，表示需要選擇一個確切目標，然後才能將能量集中到正確方向。

工作　眼前出現兩個截然不同的選擇，你無法魚與熊掌兼得，要認真思考自己要的是什麼。面對選擇時，要深入地看清最確切的目標是什麼。

愛情　感情走到一種分水嶺的狀態，必須做出決定，例如要結婚或保持情人狀態；要分手或和好；要維持現狀或改變。

在第一個階段中，火元素自己就是一個完整的世界。來到數字2，就代表在原來的世界之外，出現了新的可能性，也就是開始意識到：除了自己之外的其他人事物。

火元素是個**非常專注集中**的元素，即使到了第二個階段，出現了其他更多的道路，仍然不會把自己的視線放得太寬，也不會同時想要掌握各種不同的機會，它只會想要從眾多道路中選一條最喜歡的去投入，但是在它決定之前，選擇權是完全握在手中。雖然它可以駕馭出現在眼前的每種可能性，但只會把力氣投入在它鎖定的某個單一目標。

第二個階段爲火元素的強烈能量提供更多可能的出口，供它選擇，但這股能量還是不會被分散，在多種可能性中，最後只會凝固成一個確切的結果。

權杖三號牌（火元素第三階段）

權杖三代表風雲際會的感覺，各方好手集結，形成一個有建設性又能互相支援的團體。

工作 蓄勢待發，既要保有個人的決斷力與特質，又要注重跟群體的合作。表示要真正開始策畫與行動，眾人一起為未來的目標踏出第一步。

愛情 目前先讓關係打下良好的基礎，不用太急著確定這段關係的名義，這張牌顯示未來可以進步的空間還很大。

火元素是非常獨立的元素，在生命中最早的兩個階段數字1及2，都還可以保持自己的獨立完整性。但是到了數字3，外面出現的人事物已經不是完全能由它的意志做取捨了。數字3代表合作與友情，所以火在這個階段，代表將每個具有不同能力的人，用友好的方式集結起來。

火元素擁有的能力一向界線分明，是不能分散、也沒有辦法滲入雜質的。但是在遇到了其他有同等能力的人時，可以把大家的實力組合起來，互相合作呼應，這樣才能既保有自己的獨特性，又能得到別人的協助，因此權杖三這張牌的友誼與合作意味非常強烈。

火元素的自我中心，在第三個階段中得到了外來的互補作用，顯得不那麼單調，每一個個體都能保有各自的獨立性，不需要放棄自我，只需要讓彼此的能力協調共存，就能發揮出一加一大於二的力量。

權杖四號牌（火元素第四階段）

權杖四是一張在穩定中求發展的牌。既有火的積極與熱情，又有數字4的安穩與扎實，是一張在各方面來說，狀態都很理想的好牌。

工作　已經習慣團體與組織的支持，能夠結合自己與他人的力量，未來顯得一片光明。

愛情　權杖的火代表熱烈的感情，而數字4代表長久未來的基礎。感情有共創未來的決心，並在雙方之間有著良好的默契及共同的價值觀。

到了數字4，一切都必須穩定下來，不是因爲要畫下句點，而是要爲未來更大的遠景奠定良好基礎。一向不受指揮的火元素，在這個時候也必須以整體利益爲考量，才能從中找到自己的立足之地，並且全方位地朝自己的未來邁進。

火元素在前三個階段中，都是不斷燃燒及揮發能量，少有沉澱的時候。但就像開冷氣時必須關上門窗才有冷房效果一樣，能量需要集中在一定的範圍才能發揮最大的效用。火元素代表爆發力與行動力，但數字4是安穩與安全地帶、某個小範圍；所以火元素到了第四個階段不會再亂爆發，會穩穩地、持續性地釋放能量，也就是在穩定中求發展。

這個階段雖然是要採取較爲保守的行爲模式，但對衝勁十足的火元素來說，反而是一種全新的感受，經驗到能夠控制自己的力量。所以在第四個階段，火元素的心境是平和的。

權杖五號牌（火元素第五階段）

權杖五代表火元素開始走出安全範圍，進入眾人競爭階段了。戰況激烈，但也不失為一種良性競爭，可以從中發掘出自我更大的潛力。

工作　以往在安全環境下的優秀與自信，到了這個階段都不算數，必須重新被測試。

愛情　在這個階段必須經過考驗，你會出現競爭者，或是去面對跟伴侶之間早就存在、卻未被正視的差異性。

在經歷第四個階段的養精蓄銳後，實力已經累積到了一個程度，打好基礎之後，下一步要做的，就是接受考驗，實際加入戰場才能瞭解自己，進而肯定自己。火元素在這個階段碰上數字5，必須拿出它的競爭特質，這是自我證明必經的過程。

火元素在前四個階段的準備與成長，一直是受到某種程度的保護，就像我們在成年前，不管是發育或學習一直都是在家庭跟學校的保護之下，不會受到太多外來干擾；但是一旦成年（就等於是這第五個階段），眞實的競爭及優勝劣敗，就要我們自己去承受了。

權杖五這張牌在別人眼裡看來，也許是非常狼狽的，因爲初出茅廬的人由於經驗不夠，會受到的衝擊與打擊最多；而且火元素在前四個階段中的準備都是理論上的，一旦要眞實應用，會與自己的想像完全不同，正應了「幻滅是成長的開始」這句話。

權杖六號牌（火元素第六階段）

權杖六是權杖組牌中最平和的一張，這張牌代表榮耀屬於眾人，也有平和勝利的意味。權杖六的勝利是獲得榮耀，而非掠奪或傷害他人。

工作　原本自我意識過高的火元素，到了這個階段會大方分享、盡情表現，但又不會自私地執著於名利，在職場中會受到最多肯定。

愛情　這是個異性緣很好的狀況，畢竟一個既有個人風采、受到眾人注目，又會為他人著想、親和力十足的人，是最容易讓人想要跟隨的。

如果說第五個階段是考試，那第六個階段就是放榜了；數字6是過了人生的中間點，會達到一種平衡舒適的感覺，火元素在這個階段，展現的就是它引人注目及志得意滿的一面，不管它得到的分數是多少，總之它是得到了一個定位，也找到自己的價值所在了。

火元素一向愛獨來獨往，事實上它也不太合群，但第六個階段卻是必須與群眾相處，不過這一點並不難，如果它願意背負大眾的期待，能把成功與大家分享的話，就會得到很多的援助與祝福，正是所謂的「眾望所歸」。最後戰勝的所有成功與光采，都不是火元素一個人獨占的。

在這個階段，火元素會重視他人，其原本的自我性在這裡並不排他，它只是一個「領取獎項的人」，不是實質的占有者。雖然少了實權，卻仍然是眾人視線的焦點。

權杖七號牌（火元素第七階段）

樂於自我挑戰，也不願停留在安逸的環境中。因此這是一張看來常常在冒險的牌，但其實面對的問題都在它可以輕鬆解決的範圍之內。

工作 非常積極，但不冒險不躁進，也會不斷尋求新的突破點。火元素雖然是勞碌命，但7本來就有自我突破的需要，因此它也樂在其中。

愛情 非常有戰鬥力，不易放棄也不易沮喪，唯一的問題是太喜歡解決問題，以至於無法好好安住在一段平靜無阻礙的關係中。

到了第七個階段，又要經歷考驗與挑戰了，但跟第五個階段不同之處是：火元素碰到數字5，是被動的面臨外在的挑戰，是一個無法逃避的過程；而到了數字7，是主動地尋求突破自我，以及追求成長。原本可以留在第六階段愉悅度日，但火元素永遠是積極往前進、往上爬的，就算犧牲滿意的生活，也要努力讓自己超越現況。

事實上，太穩定或太順利的狀況會讓火元素感到無聊，而且無法啓動能量，遇上數字7雖然要面臨一些關卡，但考題卻是自己可以決定的，所以在挑戰時會比第五個階段更容易成功，心理壓力自然就少，自信心會越來越強。權杖五號牌那種超出能力範圍的難關，是一場淘汰賽。但權杖七號牌就像在能力範圍內的晉級測試，只能說是一種鍛鍊，這些難關不會讓你感到挫折，反而是逐步提升火元素的實力，所以重點不在勝負，是累積了多少經驗。

權杖八號牌（火元素第八階段）

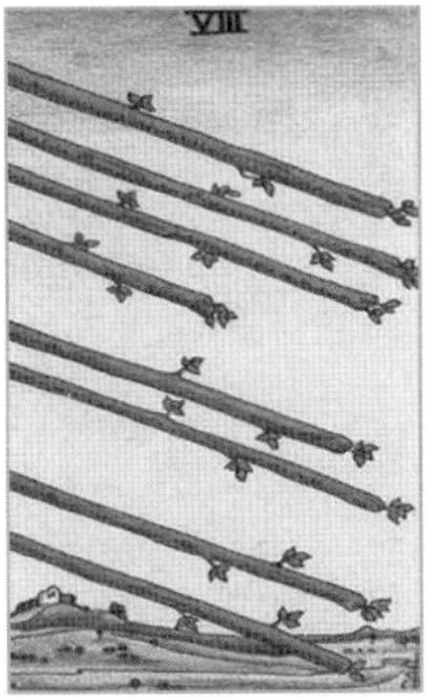

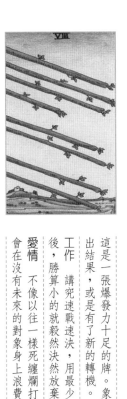

這是一張爆發力十足的牌。象徵累積已久或長久期盼的事物，終於顯現出結果，或是有了新的轉機。這是一張充滿機會、象徵擴大格局的牌。

工作 講究速戰速決，用最少的資源跟時間得到最多成果，凡事評估過後，勝算小的就毅然決然放棄，集中砲火專攻有把握的。

愛情 不像以往一樣死纏爛打，反而會看準目標，有把握時再出手，不會在沒有未來的對象身上浪費時間。

火元素經歷了前七個階段各個不同程度的表現，在第八個階段是其特質最成熟、最多也最大的時候。火元素在第八個階段，能量就跟第一個階段一樣強，但第一階段的能量未成形，第八階段的能量倒是已經有具體化的表現了。

在這個階段中，火元素最被凸顯的，就是它迅速達到目標的能力，以及不達目的誓不罷休的意志力。不管是什麼樣的環境，都能在最短的時間之內，得到最大的成果。

數字8也可以說是一個「驗收期」，讓火元素看看自己的能力提升到了什麼樣的程度；到了這個時候，火元素有了一定的成熟度，擺脫了以往的魯莽與激進，變得較為有計畫，也更知道怎麼鎖定真正的目標，不再亂槍打鳥，成功率自然都會提高了。

權杖九號牌（火元素第九階段）

權杖九是火元素的能量發揮到最後階段的牌，顯得疲憊、缺乏能量，必須要開發出新的潛力與做法，否則很難應付眼前的困境。

工作　有種種的輝煌紀錄，並堅持要在崗位上守到最後一刻，象徵一個永不退場的老兵，但比較難再創新顛峰，不願認命退到台下或幕後。

愛情　到了這個階段，已經身經百戰，就算不願放棄，也應該轉換心態，或替自己設一個停損點才對。

第九個階段是成熟期的最高點，任何元素的能量到了數字9，都是處在一種最高漲的狀態。火元素到了這個階段，你大概會以爲它應該是燒到最旺的時候，但實際上，火元素在任何階段，都是很耗費心力地在生活，燒到了這個最高點後，能量已經開始耗弱了。

火元素到了第九個階段，應該是迎向轉化的時期，所以依火元素凡事全力以赴的性質，你一定會猜想，它會用盡所有的力氣來躍升，但是火元素一向是越年輕時越有力量，到了晚期其實應該不要太逞強，必須學著四兩撥千斤，才不會累死自己。

加上之前的八個階段，每一關都是消耗戰，火元素本來就只適合跑百米，不適合跑馬拉松，戰線拉太長，火元素就很容易後繼無力。只是火元素也不會輕言放棄，所以沒辦法放下自尊與好勝心，讓自己好好休息，就更顯勉強了。

權杖十號牌（火元素第十階段）

權杖十是一張能量受限的牌，本來充滿創造力的火元素被困在代表「定局」的第十個階段，會覺得無處發洩。因此這張牌會象徵壓力及苦悶。

工作　代表被包圍住，對別人來說這也許是安穩，但對火元素來說卻會覺得受限、受委屈。力氣不足以突圍，是最悶也最有志不得伸的時候。

愛情　也許是一開始就太勉強，也許是長久以來得不到解決的問題，形成了強大的壓力，這張牌顯示火元素的支撐力已經用到了最後的盡頭。

數字10等於是一個句點，一切都應該回歸平靜，等待下一個新生。但是火元素天生衝勁十足、不安分，沒有辦法乖乖靜下來，所以到了這個需要「**靜待**、**回復**」的階段，會把自己剩下的最後一點力量用來跟命運抗衡。

火元素一向不屈服於環境、不受制於自己之外的任何人事物，但在最後的階段，形勢比人強，如果火元素不學著放下，它會是四大元素中最適應不良的一個。

這個階段，火元素會覺得遇到生平中第一次無法用「努力」來解決的問題，而火又不善於思考，不瞭解越抵抗就會越深陷的道理。火元素仍然是不凡的，只要它願意讓舊有的自己消失，就會得到下一個新生的機會，回到權杖——火元素的初生時期了。

風元素 10 個階段

● **基本定義**：陽性・消極・理智・向前・揮發・無形無體。

● **特質**：風元素的特質是多元化、分散、良好的溝通能力、主動但不積極、有創意無執行力、有目標卻無法集中持久、耐性不夠、人面廣但交情不深、注重邏輯、擅思考、沒耐性、注意力容易被引開、冷靜、善於辯證、思維廣而不深、理解力強但不夠專精、不留戀舊的東西、有企畫能力、能適應各種環境、有想法但不熱情。

● **代表**：寶劍。

風元素也就是空氣元素，除了我們呼吸的空氣之外，也象徵所有「無形、無相，但是可擔任介質，負責傳遞與溝通性質的東西」，例如文字、語言、符號、圖形，乃至廣義的「訊息」等等。風元素的彈性及變化性爲四大元素之首，可以接收任何外來的訊息，也可以改變自己原有的形態，所以吸收知識對它來說輕而易舉，學習能力也極爲快速。這也就是大家對風元素普遍的印象「聰明、反應快」的原因。

人類社會與動物社會最大的不同，就是我們可以藉由「學習能力」來累積經驗，並且一代一代傳承下去，同時「改良、精進」，人類最大的武器及特色就是「智能」，所有的資源、材料，在一開始時都是最原始的，必須經過不斷地「改良、再創造」，以及製造技巧的進步、世代間的傳承學習，才能發揮出最大的效益。「寶劍」是一種殺傷力最「精確」的武器，要經由提煉金屬、鑄造刀刃、計算角度及尺寸等等過程，是人類腦部「運作精良的高度展現」，也跟風元素最能互相呼應。

但是玩塔羅牌的人一定都會發現一件事，就是在寶劍牌中，除了「寶劍一」之外，其他都是負面意象的牌。原因是我們一旦太過「精於計較利害關係」，反而會演變成傷害，以靈性的角度來看，在我們腦袋不夠清明時，也很難制止自己抄捷徑或瓜分別人的資源。但是太多的「頭腦」與「算計」不但對自己沒有好處，反而會引起更多的妄念及傷害。

風元素是頭腦，一旦開始分裂，就會產生私心及貪念，因此只有「寶劍一」能維持住風元素的優勢。接下來的寶劍牌，越到後面的數字，牌義就越爲混亂，也顯示出太過複雜的思緒與算計，反而會讓人無所適從。

以上是風元素的整體特質，但每個元素都會從幼稚期走向成熟期、乃至轉化期。在不同的階段中，都有不同的風元素單一特質會特別被強調。

寶劍一號牌（風元素第一階段）

新生的風元素沒有任何懷疑，也沒有過多的選擇與方向，可以一心一意地直視前方，所以它的視野包含一切，一切是那麼清楚且確定。

工作　通常沒有太多的私人情感，有的是正確、符合常理、客觀及自信。因為熱情不夠，適合當幕僚而非主將。

愛情　這張牌不代表私密情感，因此會把大愛、是非及整體利益看得比個人的愛情還重要。

任何元素的第一階段，都是它的「嬰兒期」，風元素本身是代表「念頭、計畫成形」的意思。雖然寶劍組大部分的牌都帶有混亂意味，但是風元素是等到分裂之後，各種念頭與思緒互相干擾時才會產生傷害及混亂；在第一個階段的風元素尚未分裂或被污染時，是最清明、最有大智慧且最能透徹看清所有眞相的一個階段。

數字1帶有火元素的性質，搭上風元素後所形成的寶劍一，比權杖一擁有更強烈的「直覺」；因爲風元素的清晰度遠勝於火元素，權杖一的直覺是一種單純的驅動力，而寶劍一的直覺加上清晰，則會形成高超的覺知力；這種直覺帶有預言、先知的成分，並融貫了天文地理等知識層面，是經由邏輯的推論而得到最廣大的視野。這張牌有極高的智慧，因爲洞悉眞相所以不會被欺騙，也不易動搖，就像有時靈光乍現的那一瞬間，所得到的是最終極的答案。

寶劍二號牌（風元素第二階段）

寶劍二在感情及工作這兩個層面的意思，沒有太大區分；這張牌一直都是想兩者兼得，無法下定論，最後會演變成兩者兼失。

工作　沒有魄力，永遠被環境影響，但無法改變環境。

愛情　很容易陷入三角（或以上）關係，那種兩邊都捨不得放手的心態，正說明了自己不知道要什麼，但受風的陽性特質影響，事情還是會往前發展，只是變成越來越糾葛難解。

風元素進入第二階段，就像易經所說的「無極生太極，太極生兩儀」的階段。原來純粹一體的「道」，因爲自己沒有辦法觀察自己而必須分裂出另一個自己，才有辦法互相觀察。一旦分裂，寶劍一的確定性也被分散了，經常會陷入一種躊躇不前、被兩邊拉扯、無法定奪的狀況。

風元素跟火元素雖然都是陽性元素，但在兩種可能的道路出現時，火元素會選擇一條路，然後繼續向前；而風元素則是猶豫不決，兩條路都想走，好不容易選出其中一條，卻很有可能走不到幾步，又回頭轉往另一條路試試。所以就元素的性質來說，風元素的速度比火元素快，但火元素是專注地向前走，風元素則會遊走在各種可能性之間，所以向前走的速度就慢下來了。

寶劍二是風元素面臨分裂的第一關，「進退維谷、左右爲難」的性質會特別明顯。這張牌象徵暴風雨前的寧靜：尙未進入混亂的狀況，但「分裂」就是一切混亂的開端。

寶劍三號牌（風元素第三階段）

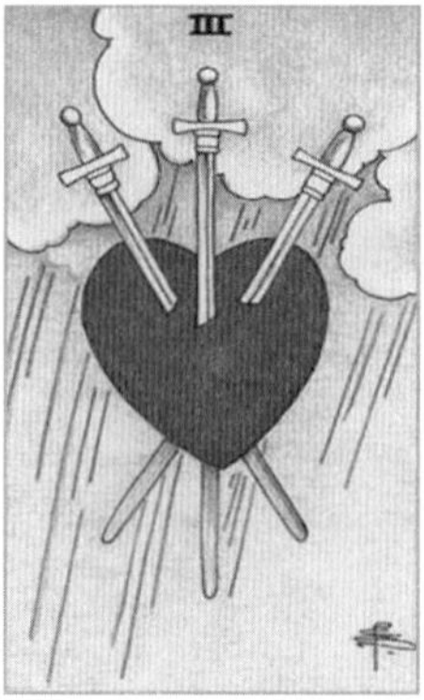

寶劍三所受到的痛苦及傷害，可以說是整組寶劍牌之最。因為這張牌才剛剛走入地獄，還沒找到應對或解套方式，除了痛苦，還有不知所措。

工作　容易被周圍的人扯後腿。有小人在背後惡意中傷，或是信任的合作對象背叛你。

愛情　因為一些誤會而引發的傷害、旁人的閒言閒語造成兩人失和。或是正處在一段傷心期中，尚未恢復。

風元素在數字2的「分裂」階段就撐得很辛苦，到了寶劍三，外來的干擾更多，「破局」趨勢已經不可避免，無法再像寶劍二那樣維持在一種恐怖平衡的狀態，表象和平的狀況已被戳破且開始造成傷害了。

數字3與風元素的特質非常接近，兩者都能適應各種環境，卻缺乏意志力與一致性的目標；有時容易被外來的言語、情緒、事件擾亂。加上風元素跟3都與社交、人際關係相關，代表容易出現來自周遭人事的傷害，例如流言蜚語、人言可畏這類不必用刀殺人的隱性攻擊。

寶劍三是一張方向太多、可能性太多，導致變成一張「沒有核心立場」的牌，在沒辦法穩住自己的情況下，一點外來的風雨都可以把你打得七葷八素，這種煎熬是在自己的內心，外人難以想像。甚至可能在別人看來，你是身處天堂，但你其實是處在一種「現在進行式」的痛苦之中。

寶劍四號牌（風元素第四階段）

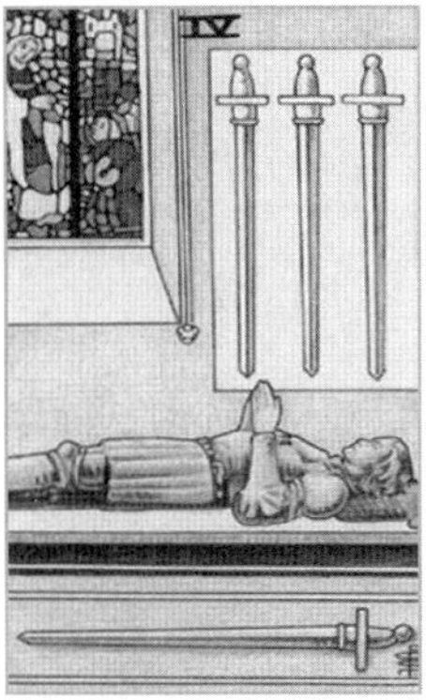

寶劍四是一張消極、不作為的牌，雖然沒啥破壞性，但也沒有任何建設性，代表的是結束上一個階段，還不知道下一階段要往哪裡去。

工作　可能待業中，也可能是擁有工作、但心思並不在此，這份工作只是過渡期而已，對未來沒有任何影響。

愛情　處於一種沒有建設性的狀況，代表正在空窗期，或目前的這段感情已停止成長，或是正處於分居、冷靜期。

在上一張寶劍三巨大的煎熬中，風元素的混亂已經擴張到了極點，而「風」向來就不是一個抗壓性很強的元素，在超過負荷上限時，「逃避」與「抽離」會是風元素最常選擇的因應方式。不管在哪個元素，到了第四個階段就是進入一種沉潛期了，不安於室的風元素到了這個階段，必須讓自己靜止下來，杜絕一切外來的干擾。

因此，寶劍四通常有「休息、靜止」及「隔離外界」的意思。風元素容易被影響，沒辦法靠自己的意志力保持穩定，一定要把自己封閉起來，就像我們需要專心做事時，會把自己關在房間裡，不接電話、不看電視一樣。這種逃離現況、躲在自己世界中的做法，雖然看來有點沒出息，但也是風元素想平靜時唯一能選擇的方式。現在所呈現的一切只是「暫停」，並不是「結束」，因爲在逃避的過程中，問題不會自動解決，還是要等到可以承受時，再現身重新面對一切。

寶劍五號牌（風元素第五階段）

寶劍五是張「在比較之下落居下風」的牌，它的「輸」是一種自我價值低落感，而非實際上的失敗。

工作　自覺受到不公平的待遇，或是有強力的競爭者出現，因而開始懷疑自己的價值。

愛情　不管有沒有正式的對象，在喜歡的人面前，都特別容易覺得被否定、自慚形穢，以及不能主導局面的挫敗感。

第五個階段，就是每個元素接受考驗及測試的階段。5 這個數字是開始追求自我表現、爭取外在認同的數字，所以外在的險阻及競爭會特別多。風元素到了這個階段，要開始面對戰爭，但是火元素的競爭是明刀明槍的肉搏戰，而風元素卻因爲缺乏實際的目標，所以它的戰爭只是一種「意氣之爭」，沒有實質意義。

寶劍三與寶劍五同樣是處在一種很負面的情緒下，不同之處在於：寶劍三是處在「當下」那個很痛苦的事件當中，無法自行走出；而寶劍五則是勝負已定，但不願離開戰場。感覺到挫敗的那一方，如果不甘願放手，傷害就會持續擴大。直接認輸、放棄，會是結束痛苦的最好方式。

好勝心太強，沒有辦法承認自己的不足，就表示你永遠都覺得自己不夠好，因此不敢面對自己眞實的一面。在這種狀況下，不管你贏了多少人，都沒辦法自我肯定，再怎麼樣都是個輸家。

寶劍六號牌（風元素第六階段）

寶劍六的規則性非常強，認為所有的一切都有一個可以解釋的邏輯。

工作　不易受到情緒干擾，也不會在突發狀況下慌了手腳，更有自知之明、不卑不亢，是不管在何時何地都值得被信任的人。

愛情　因為愛情需要一點瘋狂，而寶劍六很難讓自己掉入那種情境之中，即使談戀愛，也很難將自己的心意傳達給對方，唯一的優點就是讓人有安全感。

數字6有重整、調合的意思，每個元素到了第六個階段都是正面的，即使是傷害性較重的寶劍組，到了寶劍六也可以喘一口氣了。寶劍六是寶劍組眾多負面牌中，算是比較正面的一張。風元素是「頭腦」的象徵，頭腦一旦陷入混亂就會造成災難；但如果遇到6這平衡和諧的數字，風元素就會發展出理性、邏輯及聰慧的那一面。在理性的剖析下，過往五張牌造成的傷害，都可在寶劍六這張牌中重新整理出一個頭緒，並把被破壞的部分修補起來。

在某些塔羅系統中，寶劍六被視爲「療傷牌」，也有些牌種把寶劍六定位成「理性、從混亂中整理出一套規則」的理性牌。這兩個角度基本上都很正確，因爲恐懼與破壞，往往來自於我們拿放大鏡看待自己的不幸，當你放下情緒面，還原事實眞相，就會發現一切都是可以解決的。

寶劍七號牌（風元素第七階段）

寶劍七代表你走的大方向雖然正確，但是手段太過投機取巧，只能有短期的好處，無法有長久的效果，並且會帶來後遺症。

工作　因為夠圓滑、不會墨守成規，適合在需要有商業談判技巧或經常需要處理緊急狀況的職位。若是一般上班族，就會讓人覺得不可靠。

愛情　你眼前的這些對象都不是正緣，因為寶劍七總是代表你應該選擇另一條較為正確的道路走。

第七個階段充滿了挑戰，需要堅持到底的意志力。但我們都知道風元素的意志力薄弱，沒辦法像火元素的爆發力或像土元素那樣扎實，既然不能硬碰，就只能取巧了。因此，寶劍七往往會避開正規的路線，喜歡走捷徑，但會遇到它難以突破的阻礙，如果想到達預定終點，就只能多繞條路走，否則可能會欲速則不達。這種走旁門左道的方式，讓寶劍七的特質就像是個「投機者」，擅於應付突發狀況，但沒辦法堅持完成每一個細節，換句話來說，就是做事不踏實；它擅於解決眼前發生的單一事件，但都只是治標而不治本，因此同樣的問題容易一再發生。

寶劍七出現時，建議當事人放下急於一步登天的想法，因爲越快達到的目標，就越沒辦法持久，寧可換一條辛苦一點的路，至少讓你確定自己是眞的走往正確方向。寶劍七有時也是靈活的象徵，如果要拿這張牌給自己一些建議，那就是希望你多一點彈性，能有創新一點的思考方向。

寶劍八號牌（風元素第八階段）

寶劍八充滿煩躁與擔憂，計畫非常多，但太容易被可能的失敗嚇到，所以實際做成的事情寥寥無幾。

工作　永遠都在解決突發狀況、收拾別人的爛攤子，或是在防止可能會出現的意外，結果變成花在正事上的時間少之又少。

愛情　容易被不好的例子影響，覺得別人的負面感情狀況都會發生在自己身上，沒辦法敞開心胸去經驗屬於自己的感情生活。

到這裡讀者應該已經發現，在塔羅牌系統中，寶劍的負面特質比正面特質多，所以數字越大就越多煩惱。風元素走到數字8這個代表累積成果的階段，自己的負面想法已眞正成形，開始干擾到自己的日常生活了。

風元素代表頭腦、想法，但是「想法」這種東西，越單純才會越有力量，數字8則是一個代表「多」的數字，過多的想法相互之間會變得難以整合、彼此掣肘，不知道怎麼前進。寶劍八具有瞻前顧後的特質，常常因爲想太多而被頭腦牽制，是一張很會劃地自限的牌。

我們常常會去預設一些可能的狀況，很容易把想像出來的困難當成事實，極力想要避免阻礙，結果變成無路可走。所謂危機就是轉機，如果你這一生只想躲過所有危機，那表示你也放棄你的轉機了。雖然不會失敗，但永遠只能停留在現有的層次，哪裡都去不了。

寶劍九號牌（風元素第九階段）

寶劍九很像催眠或受干擾的腦波，可以在沒有發生實際困難的狀況下，就被自己的想法折磨得死去活來。

工作 在人際關係方面過於敏感且神經兮兮，危機意識太強，甚至會給身邊的人也造成壓力。

愛情 有太多不堪回首的記憶，以致在一段關係中沒有辦法靜下心來經營、享受，大部分時間都讓情緒掌控了自己的言行舉止。

風元素到了第九個階段，已走到最高點了，混亂與想東想西的情況當然更一發不可收拾。寶劍九不管在哪副牌中，被強調的都是心力交瘁及腦神經衰弱的狀況，舉凡失眠、焦躁、憂鬱症等等，都是這張牌的標準代表情境。

我們可以想想，憂鬱症或失眠的人在發作時，有什麼外在的東西影響他們嗎？沒有，他們的痛苦通常來自於他們內心的擔憂、悔恨、恐懼、寂寞等等情緒性的東西，是心魔而非實質的威脅；也就是說，要不要被影響，取決於他們的一念之間。

我們的潛意識中藏了很多負面的情緒及經驗，9是個總清算的數字，到了寶劍九的階段，這些埋在無意識中的資料就會浮上心頭，讓我們受到很大的精神壓力與折磨。唯一能做的，就是認清當下的你什麼事都沒發生，就像作惡夢時，你要認清那些可怕的事至少在這一刻是不存在的。

寶劍十號牌（風元素第十階段）

寶劍十可以看成是一個結束，也可以看成是開始，是一張讓一切歸零的牌，不管是好是壞，面臨的都是一個全新狀況，以前的事都要放掉了。

工作　代表你失去了以往建立起來的一切，但是也不妨看成是生命推了你一把，好讓你有理由走到全新的道路上。

愛情　在大部分狀況下，寶劍十幾乎都是一張代表萬念俱灰的牌。但如果不要執著於曾經擁有的事物，寶劍十也代表了釋放、自由及超越。

第十個階段是完成的階段，混亂不堪的風元素終於必須在這個階段做一個結束了。上一張寶劍九是精神壓力升高到了臨界點的狀態，等於是一個人能負荷的情緒壓力已經離崩潰只差一步了。我們可以回想一下自己面臨這種壓力時，有兩個選擇：其一是物極必反，想開了，拋開一切得失心，就可以超越目前所有的煩惱與擔憂；其二是任由自己的精神壓力不斷增加，直到崩潰的那一刻爲止。

風元素一路走來，煩惱不斷增加，而佛告訴我們「煩惱即菩提」；你無法避開痛苦及困難，你只能選擇超越它或是被它擊垮。據說修行人在成道的前一刻，心魔最猖獗，寶劍九就代表正念與心魔抵抗的這個時刻，之後不管你是成道或走火入魔，都是用寶劍十來代表。如果「成道」，表示你的痛苦已經結束；如果走火入魔，就表示你失去了所有意識，也無法感覺到痛苦了。

水元素 10個階段

- **基本定義**：陰性‧消極‧感情‧等待‧蓄積‧無形有體。
- **特質**：易受環境影響、被動不積極、感受性強、情緒化、配合度高、感情用事、重感覺不重理性、意志力薄弱、藝術家特質、同理心強、重視人情之間的交流、緩衝、個性較迷糊、善良、慈悲心、有宗教意識、喜歡回憶、夢境、不善於競爭、心眼多、多愁善感、較為陰柔、沒有行動力、易受騙、無決斷力、療癒性、有聚合力也有分解力。
- **代表**：聖杯。

水元素等於是萬物的潤滑劑，本身具有奇妙的雙重性：既可溶解任何東西將之分化，也可以當成凝結的介質。水是溶劑，但缺水的物品也會變得乾裂易碎，就像小時候如果我們想做泥巴球來玩，就一定要把沙土和上水，才能捏緊變成一個球形，所以水元素也具有調節的作用。水是一種傳達及連結的元素，本身只負責輸送，但很多東西，如養分、傳染病等都可藏在水元素中，並藉由水的渲染性擴散開來，所以水也具有滋潤與感染的特質。

水元素是四大元素中，最**被動**、**跟隨性**最強、也最容易**被影響**的元素。它的性質是「分散」的，既容易被別人牽著鼻子走，又容易「被他人侵入」，所以本來就沒有太強的自我意識。壞處是在現實社會中，獨立生存的能力不太夠，常常都需要「依附」別人；好處是不會太執著自己的想法，很容易「接收」其他人的想法及理念。「放空」是最好的接收模式，用「聖杯」這種盛裝智慧，又帶有「中空」特質的物品來象徵水元素，確實很適合。

水元素這種「連結、感染」的特質，形成了社會的基本凝聚力，也就是人跟人之間的「情感互動」以及互助的團體性。水元素帶來的集結性，並不像土元素是出自於現實需要的考量，水的互助大都是出自於「情感和天性」，還有一種同種族之間的聯繫情感，所以水代表一種「關係」的形成。因此，對特定對象付出不求回報的情感，包括親情、愛情、同情心、慈悲等等，都是以水元素爲代表。

由於水元素是舒緩且單純的，所以適合較爲穩定的環境，抗壓性不強。聖杯牌的前三個號碼都是平靜又舒適愉快的牌，中間號碼的挑戰性強，聖杯牌到此都是比較無法突破環境障礙、心結較多的牌（六號除外）；直到最後的九跟十號牌，由於已經完成階段性考驗了，才又成爲穩定下來的牌。

以上是水元素的整體特質，但每個元素都會從幼稚期走向成熟期、乃至轉化期。在不同的階段中，都有不同的水元素單一特質會特別被強調。

聖杯一號牌（水元素第一階段）

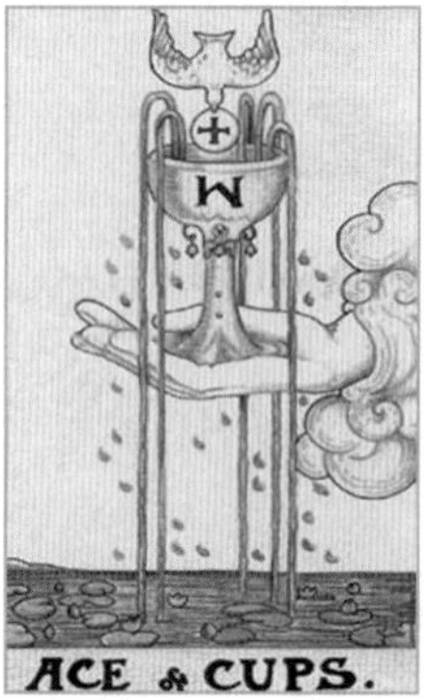

新生的水元素，可以全然地表達它的愛與相信，因為沒有滲入任何雜質，自然就不會有懷疑。這張牌不是想要拯救你或帶領你，它只是接納、包容、相信。

工作　代表比較適合從事療癒性或撫慰性的工作，或是與藝術相關，或至少要拿與趣當工作。

愛情　表示完全付出與投入，不需要回報就覺得很幸福。

任何元素的第一階段，都是它的「嬰兒期」，水元素在第一個階段常常是「模糊、沒有界線、情緒、感覺」的代名詞，因此聖杯牌組的實質面不多，牌面幾乎都跟各種感情或關係有關。就像風元素，水元素也是比較「渙散型」而非積極型的元素，所以是方向越多越容易混亂。

聖杯一跟寶劍一的共同點，就是都有透徹清晰的感知力，而水元素比風元素多了發自內心的感情。此外，兩者都重視整體利益，但風元素是爲了公平正義，水元素則是爲了那種近乎神性的大愛，沒有任何論斷。聖杯一不論在哪種關係（親情、友情、愛情）中出現，都代表一種無私、奉獻的心態，但並不是自我犧牲，而是把自我的利益跟整體的利益連結在一起，大家好就等於自己好，所以這張牌會爲了每個人的福祉而努力，很有宗教家與慈善家的精神，當然也代表了一種對全人類的母性。這種程度的愛與關懷，大都在親子之間或聖潔之愛比較容易達到。

聖杯二號牌（水元素第二階段）

水元素走到第二階段開始分岔，但一貫的善意與包容性還是把數字2做了很好的調整，讓對立的雙方互相影響，變得相似而不會互相排斥。

工作 代表在和平、沒有太多變動的環境，很容易滿足，但是沒有太穩定的基礎，也不容易有進步的空間。

愛情 表示純純的愛，沒有算計也沒有心機的單純人際關係，這種程度通常只算是好感，而非深刻的感情，需要時間再催化。

水元素進入第二階段，要跟數字2結合解釋。數字2代表的是出現對立的兩方，尤其在陽性元素（火、風）中，都會出現掙扎與選邊站的情形。不過遇上聖杯二，狀況就平和多了。水元素的拿手好戲就是包容與交流，能夠把差異很大的雙方融合到一種可以溝通並互相認同的狀態，所以聖杯二象徵的狀況，還是和樂融融，沒有太多衝突。

聖杯二出現時，人與人之間的關係一定是平衡和諧的，所處的環境也一定沒有太多波折。但這種關係美好的部分只在表面的感覺，因爲水元素不太擅長深入分析、思考太多，它要的只是一種「感覺」，所以就算這張牌出現在愛情方面，通常都代表關係很不錯，但我還是只把聖杯二的感情定位在「好感」，而不是多麼濃密或深刻的愛意。

這張牌的情感表達，就像是微風或和煦陽光的感覺，舒服而沒有壓力。

聖杯三號牌（水元素第三階段）

聖杯三代表生活充滿樂趣，活動很多，還帶有一種「靈活」的特質。

工作　比較傾向需要人脈的工作，例如媒體、公關、行銷，或是婚禮跟辦活動這一類玩樂型的企畫。

愛情　對女性來說，聖杯三代表姊妹淘很多，生活很自在，而兩性關係還在觀望中；對男性來說，聖杯三代表異性緣極好，或是面臨幾個可能的對象，要做出選擇。

數字3是一個人際、社交、團體的數字，任何元素到了第三個階段，都會出現一種「集結」性質。水元素本來就擅長人與人之間的交流與和諧，所以進入第三階段後，並沒有需要磨合或互相協調的過程。聖杯三直接就呈現一種和樂融融的氣氛，眾人之間可以自然又毫無阻礙地聚合在一起，是一張愉悅又能享受當下的牌。比起聖杯二的舒適，聖杯三更多了一點創造樂趣的活力。不過聖杯三由於太高興了，沒有太多波折需要克服，所以深度不太夠，很容易停留在一種表面上的和諧。這樣的良好關係常常變成酒肉朋友，只重視玩樂而沒有建設性。

水元素代表女性，數字3有「多」的意思，所以聖杯三也象徵女性環繞的狀況。很多人認爲這張牌會引發感情糾紛，但我認爲只是女性較多，牌面並沒有出現糾葛狀況，頂多是代表花花草草很多、有點曖昧，如果沒有其他牌推波助瀾，光是聖杯三應該不至於引發太嚴重的感情糾紛。

聖杯四號牌（水元素第四階段）

聖杯四很消極，想的多做的少，沒有立即行動的決心，在各方面都是差不多的狀況。

工作　缺少動力，很怕面對突發狀況，因此常常會覺得多做多錯少做少錯，有得過且過的心態。

愛情　代表很難流動，情侶之間會有沉悶倦怠感，只能維持現狀，沒辦法更進一步，熱情持續消耗中。

數字4是偶數，因此是一個陰性數字，遇上水這個陰性元素，讓這張牌變得格外消極。也許是水元素在前三個階段太過隨心所欲，已經玩夠了，到了第四個階段，開始想要爲自己累積一些基礎，因此就會開始對自己以往的生活方式產生懷疑，不管接下來的目標是什麼，都會覺得需要再三思考，沒有立即行動的決心。這種狀態可以說是消極，也可以是因爲正要開始轉換自己的生活態度，所以處在瓶頸期，凡事不敢貿然下決定，也不敢再用以前的價值觀來面對生活。在還沒有建立新的生活方式之前，聖杯四只好採取守勢，不斷地觀望與自我調整。

在旁人眼中，聖杯四的行爲看起來是懶散的、畏首畏尾的，這些評語並非無的放矢，因爲希望轉變生活方式的人，面對每個選擇，都是他以前沒有過的經驗，難免會戒愼恐懼。我們就當聖杯四的性質是「休息是爲了走更長遠的路」吧！

聖杯五號牌（水元素第五階段）

悲觀又自怨自艾的態度，蔓延到聖杯五生活的每個角落，總會羨慕別人所擁有的，而怨天尤人。

工作　表示你太在意別人對自己的看法，而且永遠都覺得自己受到不公平待遇，卻忘記看看自己付出多少。

愛情　很容易在喜歡的對象面前自慚形穢，而且不相信自己能得到幸福。這是一張需要長時間進行心理建設的牌。

水元素走到很容易有匱乏感又愛比較的第五階段了。5這個數字，是一個愛比較、愛競爭，希望他人認同的數字，但水元素不夠積極，再加上水元素在第四個階段只是觀望而沒有付諸行動，所以經驗不足，一旦進入第五個階段，需要實力拚鬥，就會因力不從心而自我評價低落了。所以聖杯五有種悲觀、陰暗跟自我否定的意味。

其實聖杯五的處境並沒有那麼淒慘；客觀來說，它還是擁有很多東西，但這個階段「匱乏」跟「不受肯定」是一種根深柢固的心態，會花很多時間怨天尤人而非採取行動，總是去看自己沒有的，而忘了看看自己所擁有的。事實上，每個人都很容易陷入這種情境，好比我們走路時，覺得騎腳踏車的人好幸福，騎摩托車時覺得開車的人好幸福……；如果你永遠都覺得自己是不幸的，那麼就沒有任何東西能讓你幸福起來。

聖杯六號牌（水元素第六階段）

水元素加上講求和諧、偏安的數字6，是很幸福的一個組合，但是成長的動力稍微弱了一點。

工作 感情豐富真摯，適合從事服務業、志工、社工或是照顧婦女、兒童等行業。

愛情 比較溫和、平靜，少了激情的成分在內，所以會是日久生情的關係，或是由普通朋友關係循序漸進發展成的愛情。

第六階段是休息與平靜的階段，水元素感情豐富，遇上數字6會有更多表達感情、檢視自我內心的管道。聖杯六的元素跟數字都有一種美好溫馨的性質，這張牌充滿了愛、懷念與善意。

大部分的牌種對聖杯六的解釋，幾乎是「童年、回憶、互相照顧」這一類的意思；這張牌給人一種非常舒適、寧靜，還有安頓身心的感覺。在我們的生命中，凡是最真摯、最沒有利益糾葛的人情關係，都可用聖杯六來代表，例如青梅竹馬的交情、忘年之交、親子之間的交流，都在這張牌的範圍之內。

聖杯六跟聖杯二不同的地方是，聖杯二只是一種表面的感覺，維持時間不會太久；但聖杯六是經歷過一些風雨之後，走到生命中最好的一段時間，開始領悟一些事，知道什麼是生命中真正重要的事，不會再去追逐外在的虛幻。抽到這張牌並不代表什麼都有，但很懂得知足、感恩。

聖杯七號牌（水元素第七階段）

聖杯七最明顯的特質就是不切實際、畫大餅、眼高手低，想的永遠比做的多。

工作　適合遊說、斡旋的工作，盡量避免接觸成本太密集，或是制式流程太複雜的事，因為愛做白日夢的聖杯七出錯機率很高。

愛情　表示容易喜歡上遙不可及的對象；或是在不瞭解的狀況下，把自己的過渡期套用在對方身上，造成往後的幻想破滅。

第七階段的水元素，需要有非常大的企圖心及非常強的挑戰性，才能順利完成這個磨鍊的階段。不過，水元素最缺乏的就是意志力與突破性，加上在上一個階段沒有獨立挑戰生活的必要，所以數字7對水元素來說，是一個不太知道要如何完成的課題。

聖杯七因爲受到數字7的影響，對未來也會產生很多的期待與憧憬，但是面對7的難關，好像只有火元素與土元素才有足夠的決心去完成目標；水元素因爲想像力強，有時夢想與目標甚至會超過其他三個元素，但執行力卻是四大元素中最弱的，所以一切目標都極可能變成空想。

抽到這張聖杯七，要檢視一下自己想要達到的目標，是否跟現實差距太大？是眼高手低，或沒有辦法認清自己的能耐？要不斷地把自己拉回現實層面，才不會希望越大幻滅越快，因爲失敗的經驗多了，很容易長期消磨自己的意志與信心。

聖杯八號牌（水元素第八階段）

聖杯八不管在哪方面，都象徵一種不滿於現狀、急欲逃離現況的狀態。

工作 抱著騎驢找馬的心態，對現在的工作不積極，一直在等待更好的新機會。

愛情 進入倦怠期。雖然這段關係沒有什麼致命性的裂痕，但你就是覺得一切都讓你煩躁。建議你投入新的興趣，或出國玩一趟，或許可以挽救這種乏味的感覺。

數字8本身代表「多」，如此大量的水元素，應該就是感情很充沛囉？其實，水元素的感情是一種累積，遇上也很靜態的偶數，流動性會變得很弱。所以，聖杯八反而是感情走到一個極限，極需要突破，如果無法突破，就會漸漸枯竭耗盡。

在上一張聖杯七的階段，水元素曾經有過一些夢想，但是因爲自己的消極，夢想最終會破滅；而在經歷很多損耗與失望之後，到了聖杯八，水元素終於有了體悟，不想再繼續待在現有的環境，領悟到必須捨棄現有的一切，才能找到新的開始。

聖杯八終於知道不冒險就是最大的冒險，與其費事去清理原來的沼澤，不如重新發掘新的活水。雖然因爲起步太晚，成功率仍然不高，但重要的是這個追尋的過程，可以替自己帶來更多新的生命力。

聖杯九號牌（水元素第九階段）

心想事成的聖杯九，還是帶有一點無常的成分。

工作 出名、受表揚或受到很大的肯定，但實質好處（例如薪水、獎金）就很難說了。

愛情 如果曖昧久了，聖杯九象徵告白的那一刻；戀愛談久了，聖杯九代表婚禮的那一天。但高潮點過後，接下來要面對的，又是另一階段的考驗了。

9這個數字是一個臨界點，尤其跟水元素結合時，會有一種「高峰點」的意味。水元素代表感情，也代表美好的情緒，到了這個最後的躍升階段，喜悅感當然也達到了最高點。

水元素在前面八個階段大都處在消極狀況下，但水元素畢竟還是有流動性（不像土元素眞的可以不動如山），所以走到這第九個階段，還是有很多蓄積的力量等待爆發。換句話說，水元素累積了八個階段的夢想，到了聖杯九，終於要讓夢想從概念轉化成實體，開始成眞了。

聖杯九是大家都很期待抽到的一張牌，它是美夢成眞牌，象徵非常喜悅的時刻。不管是什麼問題，抽到聖杯九都會讓人很快樂，因爲9本來就具有一種超越的特質，而水元素又是一種不會太費力的過程，表示聖杯九的「幸運」成分很大，讓人有一種受眷顧的感覺。但凡事過了高潮點，接下來必然要開始走下坡，聖杯九也象徵每件事的全盛時期無法長久維持。

聖杯十號牌（水元素第十階段）

聖杯十是從絢爛歸於平淡的感覺，能享受那種江山靜好歲月安穩的幸福，你就會喜歡聖杯十。

工作 升遷與加薪的速度都不快，但也不會受到忽視，你生活上的一般需求都足以供養。

愛情 如果是愛情，通常已經昇華成親情了，並且是一種不會再有太多變動、很有安全感的兩性關係。

10是偶數，又是最後一個數字，象徵一切都已經完整、不再變動，因此第十個階段一向都比較適合陰性元素（土、水）。陰性本身就是累積、靜態的，遇上10表示累積出一定的份量跟結果，並可以安住其中，所以聖杯十的特質就是滿足、別無所求、沒有太大的野心與新計畫。

對照聖杯九的欣喜跟快樂，聖杯十代表平靜與圓滿，基本上已經不缺任何東西了。雖然算不上享受，但也衣食無虞；家人間也有一種和諧與緊密感。但也代表這些感情沒有太多增加的空間，因爲一切都到達「這樣已經夠了」的狀態，時間久了，還是會有一點點無聊。

如果你期待的是興奮、充滿希望、樂趣的感覺，聖杯十反而不太能滿足你的需求，因爲它的重點是在於「知足」，不會要求太多額外的東西。所以如果你期待一個前進、建設性的未來，聖杯十反而會變成限制。

土元素 10 個階段

● **基本定義：**陰性・有形有體・積極・理智・等待・累積。

● **特質：**不易變動、積極但是速度緩慢、穩定、腳踏實地、理性、重邏輯、有包容力、可靠、溫暖但重紀律、意志力強韌、有持續力無爆發力、頑固、不知變通、反應較慢、重實際、有責任感、道德觀強、社會化、重視整體、較難溝通、金融業、農業、珠寶業、看得到掌握得住、善規畫、有耐心、沉得住氣、沉默、古板、扎實、富有、重感官。

● **代表：**錢幣。

土元素就是我們的大地，也就是世界萬物的根源，象徵堅固、踏實、穩定以及長久性，就像我們腳下踩的土地一樣，從土中長出植物、植物餵養動物，提供了人類社會的經濟資源。土元素外表看來平凡無奇，卻是一切的基石，不僅提供萬物養分，讓世界生機盎然；全世界最有價值的東西，如鑽石、石油、金屬，也都是在大地深處凝結成形並開採出來的。因此我們可以說，土元素是「變動性最低」的元素，因爲穩定而持久，所以更有時間培養出堅韌與昂貴的性質，就像鑽石是世界上最堅硬的物質一樣。

生長形態、市場價值、用途各異的農作物構成了複雜的交易形態，不管是花、樹、水果或糧食，都是世界上經濟模式的源頭，沒有資源就沒有經濟活動，所以土元素代表一切世俗的、實體的，與切身利益相關的領域，從金錢、產業、食物到我們的身體健康都是，因此土元素也象徵了「環境」與「群居社會」。經濟就是民生，也就是所有人類賴以生存的基礎，因此由「錢幣」這種被廣為接受的流通性有價物品作為代表。

土元素形成的「物質」是我們的靠山，提供了「保護」的功能，但是「保護」與「限制」往往是一體兩面，就跟一個國家築起的城牆是一樣的意思。而「法律」和「規定」、「社會集體價值觀」，都像是人類社會中無形的牆壁，規範著每個人言行的空間，所以土元素也代表了社會性及整體性，當然「安全」跟「緊縮、受限」這兩個相反的性質，也都是以土元素為代表。

因為土元素的特點是耐久、持續性，所以土元素與偶數的性質較為契合，錢幣的偶數牌都有穩定及富裕的味道。並且因為它的持久性，錢幣牌越到後面的數字，就越是穩定、扎實而豐富。

以上是土元素的整體特質，但每個元素都會從幼稚期走向成熟期、乃至轉化期，在不同的階段中，都有不同的土元素單一特質會特別被強調。

錢幣一號牌（土元素第一階段）

新生的土元素，能夠穩定地掌握各項事物的基本特質，不會輕易被迷惑或動搖，其根基穩固的程度，絕對不會遜於其後的數字牌。

工作 代表一個新的穩定財源，可能是工作、也可能是事業，而且會是長期性的。

愛情 象徵一個很好的開始，或目前正處在一個共同計畫未來的狀況，安穩而可靠，但進度不會太快，越能順其自然，結果越有保障。

任何元素的第一階段都是它的「嬰兒期」，土元素的源頭就是「**奠定基礎、等待發育、萌芽**」，雖然越到後面的數字，土元素越偏向成熟及固定的含意，但土在第一個階段比較像是一粒種子，雖然之後其他階段會發展出實際的價值，但錢幣一本身還是處於土的「根基」階段而已。錢幣一的本質就跟種子或母親腹中的胎兒一樣，還未完全成形，但已經具備了一切根本的條件。

當錢幣一出現時，對於人們的「實際層面」（物質、財力的部分，或是周圍環境發生的影響力）通常是一個好指標，代表你的努力或計畫，將在以後爲你帶來實質收穫，具有「即將擁有」或「即將得到」的含意，而土元素是吃苦耐勞的，所以在眞正得到之前，辛勤付出是不可少的。

土跟水都是陰性元素，錢幣一及聖杯一都帶有母性，但水元素象徵母愛，土元素則象徵身爲母親而具有的生育、教養、供給等責任，因此錢幣一可以解釋爲萬物生存的本源、生長的溫床。

錢幣二號牌（土元素第二階段）

雖然土元素的穩定性很強，但錢幣二號牌還處在土元素的年輕時期，所以還是具備了很好的可塑性。

工作　以原來的成就為基礎，開展出新的財源。

愛情　不是風花雪月式的談情說愛，而是著重兩個人在一起能創造出什麼樣的生活，所以通常是互補性的情侶，尤其是可以在事業、工作上互補的居多。

土元素在第一個階段奠定良好、穩定的模式後，就走到了第二個階段；由於2這個數字通常是出現了新的選擇或方向，所以就算是不喜歡變動的土元素，在錢幣二的階段，也必須考量嘗試發展出另外的形態或財源。然而，土元素非常依賴原有的基礎，因此錢幣二找到的新發展，並不是要代替原來在錢幣一時打下的江山，而是爲同樣的東西找到新的用途、新的使用方式。

錢幣二一般被繪成兩枚錢幣是互動且維持平衡的狀態，代表錢幣二要整合納入新的可能性，並與舊有的基礎相輔相成。例如以創意與宣傳手法爲重點的公司，如果引進踏實的成本管理觀念，會讓這間公司超越舊有的成就。這張錢幣二，常常表達的是相互截長補短的概念。

錢幣組的牌大都強調「穩定」的性質，但是錢幣二卻很難得，是一種「樂於改變與開發新可能性」的牌，也能接受新的觀念及模式，所以能在舊有的模式中，創造出新的面貌與格局。

錢幣三號牌（土元素第三階段）

錢幣三是把一個長期目標拆成許多小的短期目標，然後每個人負責一個小部分。不像權杖三是眾人有共同目標，帶有志同道合的意味。

工作 偏向「主雇、不同部門的運作」這一類的性質，雖然沒有太多理想性，但彼此之間不可或缺，抽到這牌代表對工作有長期投入的規畫。

愛情 已有對象的人，代表彼此之間對未來有共識，也願意一起負擔生活所需；沒有對象的人，則表示很適合透過介紹或相親找對象。

數字3通常是群聚、結盟的意思，土元素遇上3，雖然也有群聚現象，但因爲土元素較不擅長交流溝通，所以錢幣三中，「同事」的成分會大於同伴。

土元素的結構性非常強，雖然執行的速度不是很快，但很願意花時間去規畫每一個步驟。在第一及第二階段中，狀況還很單純，土元素可以照自己的意思獨立掌握全局，但到了錢幣三的階段，由於牽涉層面漸漸擴大，因此需要一個正式的「計畫」，有了計畫，才能知道下一步要怎麼執行。

我常拿「大機器中的三根小螺絲釘」來比喻錢幣三，每個人都努力、認份地做著被分配到的工作，這些人不同的小成果匯聚起來，就會形成一個大的成果，例如有的人砌磚、有的人塗水泥、有的人築屋頂，合起來就變成一座房子。錢幣三是一張「社會性共生」最好的詮釋牌。

錢幣四號牌（土元素第四階段）

古板的錢幣四，一直都處於安全的範圍內，卻十分缺乏生命樂趣。

工作 代表資深的員工、傳統行業的經營者、基層主管、小規模生意的老闆，有穩定的生活，但缺少變動及往上發展的機會。

愛情 不適合互補性質的伴侶，最好是個性相同的人，比較不需要去適應；但彼此之間常會因為太過生活化而忘記溝通，導致感情生活沉悶，要多加注意。

土元素到了第四個階段，算是回到了家。土元素與數字4的性質（固定、收斂、安全、不擴張）本來就很接近，可想而知，兩者組合而成的錢幣四，會讓彼此的共同性質更爲加強，所以這是一張極度保守、固執、認眞、不動如山的牌。

錢幣四具有守財奴的意味，因爲數字4會囤積，土元素又很重視物質與利益，所以這張牌會讓人覺得只進不出；而且錢幣四除了在錢財方面不開放、不流通之外，也排斥改變及新東西。所以這張牌在人格方面，常代表是一個老頑固或舊時代的長輩，或食古不化、一成不變的人。

這張牌令人最困擾的倒不是錢的問題，而是它拒絕讓自己的能量流動，因爲眼前的狀況富足安穩，爲了維持現狀，不願冒任何風險、做任何改變。一般人看錢幣四，會覺得它擁有很多東西，但只知道抱著既得利益不放，原來擁有的一切會因過時而慢慢消耗，長期來看還是不利的。

錢幣五號牌（土元素第五階段）

錢幣五雖然代表不順遂與煩惱，但還不至於全無希望，通常只是需要比別人花更久的時間，或者走一些冤枉路。

工作　代表大環境的困難，好比不景氣、蕭條，或是個人缺乏足夠的經驗與條件（例如證照、學歷），需要再花一番工夫才能達到目標。

愛情　代表兩個人聚少離多，或是工作、社交圈等等差異太大，甚至是遠距離戀愛，都會在彼此之間製造隔閡。

任何一個元素，只要遇到數字5，就會有一種「想要擴張，卻受到限制」的困擾。土元素本身的負面特質中，就有「障礙」這一項，所以當土元素到了第五個階段，受限的狀況就會特別明顯，也很容易在行動上有「事倍功半」的狀況。

錢幣五通常給人一種龍困淺灘不得志之憾，那是因爲土元素凡事都成就得慢，但是數字5又很希望盡快建立起別人對自己的認同感，在理想與現實的差距衝突下，就會煩躁不耐，而且不管做什麼，阻力永遠比助力還大，但不是不會成功，只是需要非常多的耐心及時間。

這張牌常被解釋成錢財上的缺乏或困擾，這是因爲土元素代表財富，卻在這個階段受阻。此外，土元素也象徵環境、身體、傳統等等方面，如果抽到錢幣五，除了財運不順，也可能發生身體健康欠佳、受到環境阻礙、長輩或主管施加壓力等等，所以要多方面去揣摩最有可能的狀況。

錢幣六號牌（土元素第六階段）

錢幣六不僅社會化，也是一張很家庭化的牌，因為社會跟家庭「共生」的意義是相通的。

工作 代表經濟學中「企業與雇員」之間的關係，但也代表企業要給社會的回饋、或社會給予企業的生存空間，基本上主雇間配合得很好。

愛情 代表兩人各自掌握這段關係中的不同領域，例如早期的男主外女主內。這是一張很和諧、穩定的感情牌。

數字6象徵群體的互相幫助、扶持，與本來就很注重社會化及整體性的土元素，在這個階段組合出很具社會理想主義的錢幣六。錢幣六的牌圖通常有「賞賜」意味，偉特牌的錢幣六，就是富人一手拿著天平，一手拿錢給兩個窮人。一般對這張牌的解釋是：施者與受者。有人會問：「如果我抽到這張牌，我是施者，還是受者？」我認爲這兩者的差異並不大。有錢人要賺錢，通常要靠大眾的消費群；一般民眾以某個角度來說，也是他的衣食父母，所以富人照顧窮人，等於照顧他的財源，窮人接受富人的錢財，但他們的生活消費也促進了整體的經濟活動。因此嚴格說來，沒有絕對的施者或受者。牌面上富人拿的天平，就是象徵這個給予的行爲具有一種公平性。

錢幣六不管出現在什麼牌陣，都有生命共同體的味道，互相依存也互相扶持，並且是發生在經濟體及社會的層面。

錢幣七號牌（土元素第七階段）

錢幣七謹慎又沉穩，凡事一定做足了功課，才會往前踏一小步，雖然進步的幅度不大，卻也不用冒險。

工作 代表你已經累積了一定的經驗與成果，但你很想再突破，試試看還有什麼其他的收穫。

愛情 代表你已經做好準備，要踏入下一個階段，例如交往或結婚，而且通常已經是很有把握了。

土元素到了第七個階段，是要開始爲下一階段的人生打算了；因爲前五個階段都是求生存，到了第六個階段，已經不用煩惱生存問題，可說是安穩下來了。但是數字7是一個求成長、求突破、勇於挑戰的數字，就算日子過得好好的，它永遠覺得還要追求更好的，7的上進心加上土元素的認眞，就讓錢幣七成了一張計畫周詳、沉著構思的牌了。

土元素在上一個階段，開始清楚自己在整個社會上的定位，也運作得很順利，但是總不能永遠停留在現況，必須要替自己的未來打算，或者要預防天有不測風雲，所以錢幣七就陷入了長考。它現在已經擁有了一些資源，但想要高枕無憂，就必須利用現有的資源創造出更大的價值。

在這種心態下，一般人通常會去做一些小風險的投資或進修，讓自己更有本錢，或不斷地充實知識。不管是哪一方面，都代表了錢幣七踏實的上進心，而且不太可能失敗。

錢幣八號牌（土元素第八階段）

認真與專注的精神是錢幣八最明顯的特質，雖然有時候會顯得挑剔，龜毛了些。

工作 表示你很注意細節，對工作的每個小環節都很要求，雖然是模範員工，但可能會造成同事的壓力。

愛情 錢幣八雖然很真心，卻太專注在自己的想法上，可能會忽略對方的感受或是生活情趣，這一點是必須要改進的。

土元素在第七個階段制定了一些未來的發展計畫，到了第八階段，代表已經正式投入在創造自己的生活價值了。數字8本來就是「得到成果」的意思，但勤奮的土元素還是著重在自己的目標上，不停地推動、工作。

所有的土元素牌都很努力，但是錢幣八更有一種「精益求精」的精神，其實它已經可以完成所有的事情了，但是在這個階段，它覺得光是做出產品還不夠，要挑戰自己的極限，就要做出「精品」，所以會不斷修改每一個細節，雖然進度慢，但是工作成果會比以往任何時候都更加有價值。

這張牌可以說是專注、極致，也可以說是一種精緻化的過程，就像一家代工廠轉爲自營品牌的過程一樣，是爲了下一個更高的層次在努力，前景指日可待。

錢幣九號牌（土元素第九階段）

錢幣九通常代表你的人生缺少了驚喜。

工作 代表你的職位和薪水都已經到達你的極限了，很有成就，但接下來就不知道要為何而奮鬥了。

愛情 有對象的人，代表感情不會有任何變動，安全感十足；沒有對象的人，代表目前的生活模式中，大概沒有愛情可以存在的空間，所以真的有對象時，反而會覺得單身生活比較好。

土元素第九個階段是經過了前面的努力後，看到結果的那一刻；土元素代表實質，所以錢幣九當然是我們經過了長年的辛勤努力後，爲自己累積下來的財富。具體來說，這是我們儲蓄、置產後，可以享用的生活物質；抽象一點來說，這是我們經過了多年的篩選、打造，爲自己經營出最舒服的生活模式。

錢幣九常常被人稱爲「小貴婦牌」，代表財富的土元素，加上代表最高點的數字9，當然有著一定的財力。而土元素的生活變化並不大，所以雖然這種生活很舒適，但也開始陷入一種缺少變化的瓶頸中。即使這種生活是我們親手打造出來的城堡，卻也失去了生活的創意及熱情。

這張牌代表「過著想要的人生，卻找不到生命的意義」，或是想做的事都已經實踐得差不多了，因此找不到新的樂趣及出口，是一張偏安、舒適卻缺乏動力的牌。

錢幣十號牌（土元素第十階段）

所有的土元素牌都不濫情，但是錢幣十的理性及有計畫性更是發展到了極致，是一張十足安穩的牌。

工作 代表你從事的是老本行或是歷史悠久的事業，獲利速度不快，但會累積出不容動搖的基礎。

愛情 你的對象可能是你認識很久的人，或是互相太瞭解，沒有過多的激情，也可能各有各的生活圈，但相處時非常自在且放鬆。

土是陰性元素，偶數是陰性數字，因此兩者性質契合。土元素所追求的一直是安定、不要發生變動，到了句點式的第十個階段，可以說是最符合土元素的希望了。

錢幣十的穩固意味非常強烈，同時也有扎實、基礎雄厚這類的含意，常常是大財團或是很有資產保障的象徵。聖杯十常被拿來當家庭牌，而錢幣十也是家庭牌，不一樣之處是：聖杯十象徵家人之間的情感交流，而錢幣十則是代表血緣、家族性、不容抹滅的親屬關係，不是那麼感情豐富，而是有著無法取代的責任感及支持力量，所以就算平日不常交談，在重要時刻一定會站在同一陣線。

這張錢幣十一旦出現，在各方面你應該都不用擔心了，這張牌保護及安定的意味比起前面所有的土元素牌都來得強，而且也更不容易受到情緒波動的干擾。

PART 3

小阿爾克納宮廷牌

小阿爾克納的四個花色（權杖、寶劍、聖杯、錢幣）各有四張人物牌：國王、皇后、騎士、侍者，交叉組成的十六張牌，俗稱為「宮廷牌」或「人物牌」。

宮廷牌——雙重元素的呈現

小阿爾克納共有四組牌像：權杖、寶劍、聖杯、錢幣。每一組牌像又都有四位宮廷人物：國王、皇后、騎士、侍者。所以四組牌像及四位宮廷人物交叉組成十六張牌，俗稱「宮廷牌」或「人物牌」。依序是：

- **權杖組**：權杖國王、權杖皇后、權杖騎士、權杖侍者
- **寶劍組**：寶劍國王、寶劍皇后、寶劍騎士、寶劍侍者
- **聖杯組**：聖杯國王、聖杯皇后、聖杯騎士、聖杯侍者
- **錢幣組**：錢幣國王、錢幣皇后、錢幣騎士、錢幣侍者

每一組以及每個人物應該用什麼元素來代表，國內外研究塔羅牌的人意見並不一致，每個人也都有自己的一套邏輯。因此本篇所採用的元素組合並不是唯一的依據，而是筆者依占卜經驗，選出最爲合理、順手的對應方式。

牌像應對的元素

❖權杖＝火

權杖象徵權力、身分，屬於指揮者的物品，可以發號施令，符合火元素尊榮、首領、決斷的特質。

❖寶劍＝風

寶劍象徵人工智慧的產物，因爲銳利輕巧，可以花最少的力氣得到最大的效果。但它除了正面的功能之外，也能很輕易地造成傷害，符合風元素聰明卻經常反被聰明誤、靈巧、思考能力強的特質。

❖聖杯＝水

聖杯象徵日常使用的物品，杯狀中空的功能是要容納各種液體，符合水元素無私、不標榜自我，以及包容、接納的特質。

❖錢幣＝土

錢幣象徵一切有價物品的共用單位，代表一切有價值的資源，包括農作物、金融、人力、健康等等，符合土元素實質、具體、豐富的特質。

◎國王＝土

國王是整個國家的管理者，必須有很好的處事能力、成熟、不易受到外界影響、有定見、凡事需有長遠的計畫、擁有財富、格局大。社會整體化及結構組織性都很強，且有持續力，符合土元素穩定沉著的特質。

◎皇后＝水

皇后象徵慈愛、母親般的包容、細心、傾聽來自各方面的聲音，輔助國王無法顧及的部分。國王是資源提供者，而皇后則是用關懷與人交心，柔軟、爲人著想。因此以擅於交流、無私、配合性強，不管到哪裡都能擔任潤滑劑角色的水元素來對應。

◎騎士＝火

騎士象徵年輕、血氣方剛，但仍不成熟。因爲還有很大的成長空間，所以企圖心強，想爭取表現機會，體力及熱情都處於最強烈的時候。因此以率直、勇往直前、熱血、充滿自信與爆發力，但有時稍嫌急躁及缺乏規畫的火元素來對應。

◎侍者＝風

侍者象徵仍在學習階段或剛剛才開始發展，正在自我塑造當中，尚未有確定的前景，年幼、純眞、不執著、好奇心強、不排斥各種可能性。符合風元素彈性大、可塑性極強、知識豐富、愛探索、一切都尙未穩定下來的特質。

雙重元素的組合

權杖國王（火中之土）——受土元素性質影響的火元素

權杖皇后（火中之水）——受水元素性質影響的火元素

權杖騎士（火中之火）——受火元素性質影響的火元素

權杖侍者（火中之風）——受風元素性質影響的火元素

寶劍國王（風中之土）——受土元素性質影響的風元素
寶劍皇后（風中之水）——受水元素性質影響的風元素
寶劍騎士（風中之火）——受火元素性質影響的風元素
寶劍侍者（風中之風）——受風元素性質影響的風元素

聖杯國王（水中之土）——受土元素性質影響的水元素
聖杯皇后（水中之水）——受水元素性質影響的水元素
聖杯騎士（水中之火）——受火元素性質影響的水元素
聖杯侍者（水中之風）——受風元素性質影響的水元素

錢幣國王（土中之土）——受土元素性質影響的土元素
錢幣皇后（土中之水）——受水元素性質影響的土元素
錢幣騎士（土中之火）——受火元素性質影響的土元素
錢幣侍者（土中之風）——受風元素性質影響的土元素

我們也可以把這些組合，當成一種人格化的象徵。例如火元素的起承轉合——年幼（風）、年少（火）、圓融（水），最後趨於穩定（土）。過程就像是風、火、水、土的性質轉換，所以權杖侍者是年幼時的火元素，錢幣皇后是圓融的土元素，以此類推。

很多塔羅牌使用者在占卜時，若遇到宮廷牌會很頭痛，因爲他們會不知不覺強調人格的部分，沒辦法把宮廷牌的人格性質轉換到所處環境、前途、問題點上面。例如問工作前途，抽到的是一張「寶劍騎士」，占卜者就只能給出這類的呆板答案：「你會遇到一個像寶劍騎士一樣的同事或長官。」其實，就算是強調人格的牌，我們也可以從不同的人格會創造出不同的狀況、惹出不同的麻煩等等來推理判斷，並得到有關所處環境及狀況的正確答案。

權杖組

權杖侍者（火中之風）

火的本質，以風的作用來表現。

權杖侍者的元素結構，代表一種**尚未成形的火**；專注、執著、主觀，在這裡受到風的影響而被改變了。風是一種分散式的、廣泛性的元素，所以會分散火元素的熱情及專注性，而用比較輕鬆、多面向的方式來呈現。所以，這張牌的火元素少了一份壓力與企圖心，多了探索性。

風跟火相同之處，就是兩者都是陽性元素，具有前進、向上及主動性的意味，所以這張牌有高度的成長空間，未來的可能性非常廣闊，成就也不可限量。因此，權杖侍者代表一種「**塑造、開發自我的過程**」，什麼事都有可能，又有足夠的能量去實踐每一個想法，是一張精力充沛、對未來充滿希望的牌。但持久度不夠、缺乏耐力，需要累積經驗來培養。

●**人格**：權杖侍者探索心強烈、追根究柢、凡事一定要親身體驗，對於失敗或是不愉快的事情忘得很快，對它來說，人生就是不斷地前進，沒有時間爲過去的不愉快停留太久。具有這樣特質的人容易相處，但有點小白目，常會惹點小麻煩而不自知，是個很適合一起旅行或者學習新課程的朋友。

●**狀況、環境**：不管是事業或愛情，若抽到這張權杖侍者，都代表目前正在一陣興頭上，而且接下來會有更多有趣的、有建設性的人事物出現，帶給你很大的幫助。這張牌代表一切都往充滿希望的方向前進，雖然不是馬上就有結果，但好的開始是成功的一半，只要表現得當，結果通常不會太差，雖然過程狀況很多，但也會是一段收穫頗豐的經歷。

●**愛情**：很容易動心，卻還不清楚自己愛的是什麼，變化性很大。因爲這段感情雖然眞誠，但變數很多，當下可以投入，卻別計畫太多未來。如果是定義在友情上，拋掉期待及承諾的話，會更能享受當下。

權杖騎士（火中之火）

——火的本質，以火的作用來表現。

權杖騎士的元素結構已經從侍者階段的學習畢業了，現在要大展拳腳，格外聽不進別人的話，以至於這張牌不管建設性或破壞性都很大，代表一種**加強版的火元素**；火是積極、自我中心、目標導向的元素，有種很熱切又強烈的性質，太強的火元素一旦鎖定目標就無法放棄，願意排除萬難達到預定的目標，但是常常到了目的地時，才有時間發現，原來自己付出的代價可能遠高過最後的收穫。

● **人格**：權杖騎士失去像上一張權杖侍者般的天眞、彈性及勇於改變，火元素雙倍加乘的效果，使得自我中心強化成專制，積極變成一種侵略性，目標導向變成一種偏執；這張牌能量很強，但會在短時間內大量消耗，只夠供給打一場決定性的仗，不是全勝就是慘敗，所以成功了就得意忘形，失敗了就玉石俱焚。雖然有強烈的個人魅力，但最後也容易讓周遭的人喘不過氣來。

● **狀況、環境**：不管是事業或愛情，若抽到這張權杖騎士，都代表正陷入一頭熱的狀況，沒有人可以把你拉出來，除非你達到目的或是一頭撞上牆昏過去爲止。這張牌通常表示你正被一個目標或挑戰強烈吸引，準備不計代價去追求；在追求愛情或事業時，常會令人爲你的堅定而感動，可惜這種堅定是後繼無力的。這件事一旦完成或拖太久，讓你失去興趣後，你很快又會發現其他吸引你的目標了。

● **愛情**：不是全盤擁有就是毫不留戀，沒有中間地帶。愛的時候會表現得比全世界的人都浪漫而瘋狂，但熱情的持續力很難長久，容易喜新厭舊，但不會腳踏兩條船。

權杖皇后（火中之水）

火的本質，以水的作用來表現。

權杖皇后的元素結構，代表一**種較爲柔和、不是那麼自私而功利的火元素**；這是一張令人喜歡的牌，雖然它常被稱爲女強人，但是權杖皇后在事業及實際面的優秀，並非來自於過大的野心或利益，而是有一種要完成自己夢想的衝勁。

火元素其實有一種理想性，以及孩童般的熱情，但最後往往會迫於現實，演變成各種企圖及野心。但是火元素遇上了陰性的水元素時，會軟化火的主觀及自我；火原本的理想性，被水的夢想及愛分享的性質調合，權杖皇后就變成一張代表爽朗又沒有心機、行動力強、積極、獨立自主，但又不吝與他人共享生命的牌了。

● **人格**：權杖皇后經歷了侍者的學習階段及騎士的行動階段，已經累積了足夠的眼界與智慧；這張牌把自己打理得很好，但又因爲水元素很強的母性特質，會不知不覺地想要去指導他人、照顧他人，是個保護欲與責任感很強，但又不會帶給別人太大壓力的人。大方、對自己要求高，又不會被工作所框住，很能自己發現生活中的樂趣，是一個感染力很強的人。

● **狀況、環境**：不管是事業或愛情，抽到權杖皇后都代表一切狀況正按照你的理想進行，而且當中還會不時發現新的驚喜及可能性，是一張對周遭的人很有推動力、運氣也不錯的牌。再者，這張牌因爲獨立及優秀，幫助別人的機會很多，相反的，不太會去向外求助，更不太可能對外透露自己的困難。所以抽到這張牌，往往代表你常常在幫助別人，但自己的事常會往肚子裡吞。所以外表上看來受大家歡迎及肯定，事實上責任卻超乎想像的沉重。

● **愛情**：獨立不喜歡依賴，不但能負擔自己的事，也可以當個很稱職的一家之主。此外，很願意享受生活，戀愛機會很多，但不會因爲愛情束縛自己，所以很能保有自己的行事風格。

權杖國王（火中之土）

火的本質，以土的作用來表現。

權杖國王的元素結構，代表火元素在前面幾個階段的不成熟都將走到了尾聲；土強化了火現實、能力強的那一面，同時也加強了火元素一向缺乏的持續力，讓火的行動力與決心可以創造出更大的成果。火元素一向衝動、不善思考的特質，都被土元素給平衡了，讓這張牌有勇有謀，不但有目標有企圖，更有規畫性及長期抗戰的能力，很沉得住氣，所擁有的能量，足以維持到它認爲達到終點的那一天。這是一張很能代表社會地位與成功人士的象徵牌。

● **人格**：權杖國王是一個自信滿滿的人，因爲火元素本身就是發號施令者，而土元素則是資源的掌握者；土雖然是陰性元素，但是土元素跟火元素一樣，都是比較重視實際利益的層面，所以權杖國王常常只看事情的成果，不太注意每個人心理的需要。所以一般來說，這張牌的人格面是很固執又強硬的，一旦決定的事不容別人改變，是一個可以依靠、但不好相處的人。

● **狀況、環境：**不管是事業或愛情，抽到這張權杖國王，都代表一切環境狀況都在你的掌握與控制之中。這張牌表示你是真正主導局面的人，一切都照你的意志去進行，你擁有的權力非常大；相對的，所要負的責任也特別重大，通常要承受別人扛不住的壓力，是一個非常強韌又永不放棄的人。這張牌也表示你通常是個決策者，有很多事情等著你定奪，事業機會很多，但也容不得一點點的鬆懈。這是一張要「完全執政、完全負責」的牌。

● **愛情：**深情款款、占有欲極強，眼裡容不下一粒沙，有大男人主義的傾向（女人則代表比較霸氣），不容易變心，男人抽到這張牌代表很有異性緣。

寶劍組

寶劍侍者（風中之風）

風的本質，以風的作用來表現。

寶劍侍者的元素結構，代表**新生階段的風元素**，**一切都尚未定型**；但並不是漫無目的到處流竄，畢竟風是一直往前邁進的，只是它還沒有選好固定方向，一直保有自己的選擇權。所以寶劍侍者在定型下來之前，必須不斷地大量吸收知識及資訊。風的未定型及風的好奇心、學習力、分析力交互作用，讓寶劍侍者就像是年幼學生一樣，正值吸收力最強的時候，但也是最派不上用場的時候，因爲它還沒有學習足夠之前，無法確定自己要往哪個方向行動。

● **人格**：寶劍侍者是一張好奇心及求知欲都很強的牌，跟權杖侍者的不同之處，在於寶劍侍者是雙重的風元素，因此會表現出一種理性、冷靜且凡事從理論與邏輯去尋找答案的性格。雖然它是最年幼的侍者牌，可是思考能力卻非常強，判斷力也夠。不過，對於一般人情世故，寶劍侍者就不太擅長了，因爲雙重風元素的影響，讓它雖然在處理消化資料上很拿手，但一些不是用邏輯可以解釋的事情，就必須要花多一點的時間才能慢慢適應。

● **狀況、環境：**在事業方面抽到寶劍侍者，表示你目前還在自我準備、自我成長的階段中，在一般的基層工作表現得很出色，但還沒有到達被委以重任的程度。這張牌代表你處在一個求知若渴的階段，還沒有眞正想好自己的未來要做什麼，只是把所有可以接觸到的東西統統塞進腦子裡，反覆驗證、觀察、分析，然後做出結論存放在腦中，對於其他「目標性」的事，寶劍侍者都不會用太多心，興趣也不大。這種個性自然讓寶劍侍者活在自己的學習世界，暫時還不會爬到太高位置。

● **愛情：**雖然在邏輯跟智商方面很早熟，但是在愛情方面卻非常晚熟。太重視理論和是非的個性，讓寶劍侍者變成只著重講道理、而非在交流情感上，所以也比較不能瞭解感情的重要性。

寶劍騎士（風中之火）

風的本質，以火的作用來表現。

寶劍騎士的元素結構，代表一種**更爲衝動激進的風**。風元素的理論性格，開始要受到火元素

（執行部分）的挑戰，畢竟紙上談兵與眞正出征是不一樣的，不管事前準備好的計畫再周詳，執行起來一定多少會跟當初所想的不一樣。風元素本身是一種不夠堅定的元素，在行動的過程中，一旦受挫或發現設定的目標錯誤，很容易會慌了手腳，變成一路往前衝，有邊衝邊想改變目的地的矛盾狀況發生。

風元素的不確定性，跟火元素的專注、執著是相衝突的。寶劍騎士具有風元素要花很多時間求證的個性，但雙重陽性元素的作用力卻讓它變得很衝動，還沒準備好就出發，以至於中途改變目標時，先前的衝刺就變成一種浪費力氣的舉動，很容易耗盡資源卻一事無成。

●**人格**：寶劍騎士的階段雖然比上一張寶劍侍者成熟，但是因爲有火元素的作用力，騎士的血氣方剛削弱了風元素的冷靜，變得更衝動且帶點幼稚，企圖心又很強。不像寶劍侍者那種科技人或學者性格，寶劍騎士對於實戰狀況是非常有興趣的。但一般來說，火元素已經很急躁了，風元素比火元素更沒耐心，但又不像火元素那麼貫徹始終，因此就會常常轉換方向，每隔一小段時間就投入不同的事，缺乏累積的過程，往往變成每一件事情都只能碰運氣了。

●**狀況**、**環境**：在事業方面若抽到寶劍騎士，表示目標太多，有可能你一個人同時身兼很多職務、進行很多事，搞得自己疲累不堪，效率又不好。但是因爲沒辦法耐得住性子，所以就算該休息，還是會不知不覺把所有事情攬在身上，這樣很容易把所有的人都拖下水，因爲這種忙亂的狀況，會讓大家心理壓力變大，情緒變得不穩定。但如果你目前進行的事情是需要多管齊下或一心兩用，這張牌就會比較勝任。

● **愛情**：戀愛機會很多，但其實並不知道自己眞正要的是什麼，辜負對方的機率也很大，常常沒想清楚就承諾一些事，所以爭吵會變多。總結來說，戀情大都不深入也不長久。

寶劍皇后（風中之水）

風的本質，以水的作用來表現。

寶劍皇后的元素結構，代表一**種「內在」較不穩定的風元素**。風本身一向是理性、冷靜、聰慧的代名詞，但水元素卻是漫無目的，也不往前走，水元素會加強風元素本來就有的「渙散」特質。雖然寶劍皇后表面上是風，看起來好像很清楚自己在做什麼，也講得頭頭是道；但內在卻是水元素，每個行動看來理智，實際上都是受到情緒及感覺的驅使。

這個部分不容易被人看出來，因爲風元素是完全不會表現出情緒的，但內在的水元素情緒過度起伏又不能表現在外，會讓寶劍皇后想得更多、更加情緒化，甚至輾轉難眠。簡單來說，就是乍看之下沒啥問題，但潛在的不穩定是你無法想像的。

● **人格**：寶劍皇后在大部分的資料中，人稱「鐵娘子」，那是因爲風元素的冷靜及有條不紊給人帶來的感覺。不過如果用元素分類，水元素可以顯現出寶劍皇后的內在性格，其實仍然是個典型的感性人物，只是戴著面具罷了。我覺得寶劍皇后像林黛玉，很多人覺得林黛玉應該是純粹的水元素，但是林黛玉文思敏捷、口才便給，必要時也牙尖嘴利的，這就有風元素的智商與才華，而她的多愁善感，就跟寶劍皇后內在的水元素是一樣的。

- **狀況、環境**：事業方面若抽到寶劍皇后，通常表示你的才華受人肯定，尤其是從事創意、文字工作方面的職務更是如魚得水。雖然上司及旁邊的人不會給太多限制，但自我要求高的寶劍皇后倒是很願意給自己一些紀律的。但在人際關係上就沒那麼順利了，因爲旁人通常會覺得它只講道理、沒什麼溫情；實際上寶劍皇后很渴望別人的關懷，也很容易感受到別人的細微情緒，它其實被影響得很嚴重，又要維持一種不爲所動的態度，就常常會有得「內傷」的感覺了。
- **愛情**：因爲無法眞正流露自己的感覺，對於對方的感覺又太敏銳，會給自己過大的壓力。當情緒壓力一來，很容易引發口角紛爭，對雙方都沒好處。

寶劍國王（風中之土）

風的本質，以土的作用來表現。

寶劍國王的元素結構，是同屬**「理性元素」的風與土**，所以這張牌最大的特點是非常講究邏輯，並且凡事都要講出一套道理來，常會給人一種不近人情的感覺。因爲風元素擅於思考及辯證，土元素長於規畫與深謀遠慮，這兩者加在一起的話，很適合研究學問，或成爲某個領域的專業人士，但是因爲太精於打算，就會缺少了衝動及熱情，沒辦法讓人想要跟隨，也缺少奮力一搏的勇氣。因此雖然是國王牌，但比較難成爲第一領袖，身分會比較像是軍師或國策顧問。

● **人格**：寶劍國王明快又堅決，但是人際關係較狹隘。風元素的缺點就是不夠穩定、目標性也不足，但土元素的堅定剛好補足了這個部分，所以寶劍國王的堅持，是其他風元素人物難以望其項背的。但缺乏水的溫情與火的天真，會讓這張牌一切就事論事，只講是非而不講情分，讓人覺得它只是一套標準，沒有人性在裡面，有一種距離感。偏偏寶劍國王很堅持自己是對的，聽不進其他意見，所以旁人會覺得它固執、標準太過嚴苛，而它永遠不知道自己哪裡出了問題。

● **狀況、環境**：在事業方面若抽到寶劍國王，代表現在的情況都在精密的控制下，不會出現任何差錯，但壞處就是也沒有任何驚喜與助力，因爲一切都決定好了，別人也沒有什麼地方可以貢獻。你會覺得凡事都安排好，可以避開不必要的失敗，也可以避免任何突發狀況，是很安全的；但在這麼嚴謹的安排下，就會失去彈性，萬一大環境出現變化，或有什麼不可抗拒的因素，大家都無法反應。除非是在法律界或軍隊這類需要高度紀律的地方，否則寶劍國王這張牌是應付不了突發狀況的。

● **愛情**：對這張牌來說，喜不喜歡是其次，兩個人對於彼此有沒有幫助、生活習慣合不合，才是最重要的。對於感情的詮釋，感性的部分很少，因此大部分建立在權利及義務上面。

聖杯組

聖杯侍者（水中之風）

水的本質，以風的作用來表現。

聖杯侍者的元素結構，代表一**種更加不受約束的水元素**；水元素本身就是無法定型、可塑性很大的，加上也不定型的風元素，要往哪個方向發展，完全無法預料。往好處看，聖杯侍者充滿了無限的可能性，因爲它的水元素還是具有「孕育、累積」的性質，只是這張牌算是最年幼的水元素，還沒見過太大的世面，所以穩定不下來也是很正常的。至於未來的發展，因爲變化性太大，成功與否掌控權不在它手上，完全取決於接下來選擇什麼樣的環境去發展。

●**人格**：聖杯侍者是一張超級隨性的牌，風元素的邏輯性被水元素抵銷，但方向不定的特質卻被水元素加強，因此就變成一團混沌了。比較擅於去享受、去感覺，但一時之間還沒辦法去建設、作爲。年幼的侍者加上最天眞爛漫的水元素，讓這張牌處於一種還需要人家照顧，還不用替自己的未來打算太多的階段。雖然也好奇、也愛探索，但抱著一種隨遇而安的態度配合周圍的人事物，自己不會有積極的行動。

● **狀況、環境**：事業方面若抽到聖杯侍者，表示你現在處於一種「無爲而治」的狀態。這張牌出現在生活中，代表不想訂下什麼長遠的目標，只想過好現在的每一天，看盡所有美好的風景，不會執著在什麼地方，也不會緊緊抓住什麼人。聖杯侍者的好處就是看得開，凡事願意往好處想；壞處是容易因爲自己的好奇與友善，被別人牽著鼻子走。這張牌一旦出現，代表現在不用有什麼太積極的作爲，因爲決定性的時機還沒到，累積人脈及廣結善緣才會對往後有幫助。

● **愛情**：對誰都很好，也不知道要怎麼拒絕別人，所以常常引起異性誤會，又因爲沒辦法確定自己要的是什麼，常常會在猶豫中傷了許多人的心而不自知。

聖杯騎士（水中之火）

水的本質，以火的作用來表現。

聖杯騎士的元素結構，是個**較爲主動的水元素**，因爲水的本質是溫和、人緣好，加上火的主動及善於引人注目，讓這張牌被公認是很討喜的人物。水元素及火元素都是比較情感型的元素，所以聖杯騎士不管做什麼，都很注意在別人眼中看起來的感覺，包括外表與口吻在內，而且因爲自己很在意別人的看法，所以也很注意自己對別人的態度，這是一張很社會化、很知道如何在人群中自處的牌。

● **人格**：聖杯騎士走到哪裡都廣受歡迎，因爲水元素溫和親切的特質透過火元素的熱力散發出來，大家都可以感受得到。它的心思細膩到可以注意別人的一舉一動，又勇於表達自己的關心，將善意表現在行動上，所以每個人都可以很自然而然地跟它交朋友。這張牌的綽號是「白馬王子」，外形、個性、家教都好；不過就像童話故事裡的男主角一樣，聖杯騎士雖然貼心，但稍嫌膚淺，在需要理性時，永遠會在狀況外，加上難改感情用事的毛病，所以在工作上不如人際上吃香。

● **狀況、環境**：在事業方面若抽到聖杯騎士，雖然不算有太大的成就，但在職場上也不會太吃虧，因爲工作能力雖然普普通通，但也不至於不能勝任，尤其在人際關係上它有天生的優勢，就算專業技能不是太強，但大多數的狀況都會應付得很好。這張牌最強的地方就在人脈及公關，只要跟人、協調有關的行業，就是聖杯騎士如魚得水的地方。這張牌不太能吃苦，適合用放鬆的心態來處理事情，反而更能成功。

● **愛情**：雖然不像上一張聖杯侍者那麼濫情，但相同的地方是很容易讓異性誤會，加上很有異性緣，這張牌的花邊新聞會很多，但是它心裡很清楚誰才是眞正想要的對象。

聖杯皇后（水中之水）

水的本質，以水的作用來表現。

聖杯皇后是**純粹的水元素結構**，所有牌當中，這是水元素性質最強的一張牌，有著無私的特質，以及對人全然的信任。我常常把這張牌稱爲「聖母」牌，但聖杯皇后其實也像個小女生，對這個世界沒有太多懷疑，戴著玫瑰色鏡片看世界，而且願意爲他人（尤其是弱勢族群）掏心掏肺，忍耐力及包容性都堪稱最強的。但是因爲太配合別人及環境，要說什麼強烈的特點卻也說不太出來，聖杯皇后會表現出什麼樣子，要看她當時在什麼樣的環境中而定。

●**人格：**聖杯皇后不多話、安靜，配合度極高，所以永遠是環境需要它表現哪一面，它就可以表現出哪一面，要記得水元素的可塑性是非常驚人的。所以你可以看到悠哉不食人間煙火的聖杯皇后，也可以看到任勞任怨、刻苦耐勞的聖杯皇后；不管它是什麼身分、處在什麼位置，你很少會聽到它的抱怨。聖杯皇后相信付出的代價一定都會有收穫，那種樂觀到近乎盲目的態度有時會很神奇，眞的實現了各種看似不可能的未來。

●**狀況**、**環境：**在事業方面若抽到聖杯皇后，代表目前先不用訂立太多計畫，也不要太努力地想要去控制局面，因爲這張牌代表事情還會有很多變數；也有可能是有很多檯面下的東西你尚未摸清楚，所以不要太急著表現，要沉住氣靜靜觀察，你會看到很多隱藏在表象下的東西。在這種觀察下，一開始會讓你覺得無法看透的人，很快地你就能摸清楚他的底細。聖杯皇后最適合的位置，就是協助性的，或是跟大眾服務有關的領域。

● **愛情**：很容易爲了心愛的人隱藏自己的光芒及優點，最需要的不是個人的成就，而是歸屬於一個家庭的安全感。因此依賴性比較強，很容易遇人不淑而無法自拔。

聖杯國王（水中之土）

水的本質，以土的作用來表現。

聖杯國王的元素結構，是**最有穩定性質的水元素**，因爲土元素幫助水元素把不安定、不著邊際的感覺都去除了，但加強了水元素的耐心及安全感。這張牌雖然在人物上是國王（男性長者），但構成的兩個元素卻都是陰性元素，因此聖杯國王比較不會那麼強勢，反而具備一種保護弱者的心態，用溫情及支持來因應它要面對的狀況。這張牌非常溫和，但因爲有土元素，必要時，還是有種不怒而威的力量。一般來說，這張牌被當成好丈夫、好爸爸來看待。

● **人格**：聖杯國王的內在是穩定、踏實的，但它的規範只拿來約束自己，對於自己身邊的人，會表現出溫暖而包容的特質，脾氣好、有耐心，又喜歡照顧人，不只是個很家庭化的新好男人，在職場中也是可以帶人帶心的好主管，尤其適合服務業以及與大眾生活相關的行業。不過這張牌偶爾會出現往負面發展的例子，因爲聖杯國王沒有那種壯士斷腕的魄力、也不太敢冒險，遇到人生中的大風浪時往往很容易受挫，或者是提不起勇氣突破難關，只能被動地等待風浪過去，這是美中不足之處。

● **狀況、環境：**在事業方面若抽到聖杯國王時，代表一切都很穩定，形成一個不太容易崩垮的共存共榮圈。這張牌表示老廠商、老客戶很多、很穩定，不過一份工作要靠人情來護持，可能也不是那麼保險。人情包袱不少，應該盡量要求自己就事論事，才不會最後被別人拖累。這張牌雖然不太強勢，但因爲有父親的感覺，還是有很多人追隨，還是有領導能力的。

● **愛情：**一旦認定某個對象就很難再改變，但是表達的方式太含蓄了，要看看對方的耐心有多少，才能決定這段戀情成功與否。

錢幣組

錢幣侍者（土中之風）

土的本質，以風的作用來表現。

錢幣侍者的元素結構，是**保有彈性及學習能力的土元素**，勤奮跟學習能力兼具。土和風都是理性元素，所以雖然侍者是極爲年輕的牌，在工作及個人的生涯規畫上，還是具有早熟的特質。感情方面因爲不是理性能分析控制的，它就會比較晚熟一點（這點跟寶劍侍者一樣）。這張牌我通常稱之爲「學徒牌」，意思就是雖然薪水和地位都不高，但它透過實務操作來累積自己的實力，而且態度堅定，它需要的只是時間，假以時日一定會茁壯穩定。

● **人格**：錢幣侍者的特質是認眞而沉默，雖然它有風元素的作用力，但畢竟本質上還是土元素，風的作用就是用來加強土的理性及冷靜，並把土的頑固與緩慢性質做一點調合，所以錢幣侍者還是能藉著風元素的幫助，讓土元素本質上的「緩慢累積」步調加快，學習到很多對它未來幫助很大的事。

錢幣侍者跟寶劍侍者一樣，生活都是在全力學習中度過；不同的是，寶劍侍者的學習是因爲自己的天性、興趣，而錢幣侍者的學習是爲了現實與責任。它們一旦能夠獨立時，錢幣侍者的抗壓性會比寶劍侍者強很多。

● **狀況、環境**：在事業方面若抽到錢幣侍者，表示目前你的客觀條件不算太有利，在面對很多沒有得到公平待遇的情況時，要以不變應萬變，不用去爭眼前的小事，重要的是累積自己的實力及格局，創造可以獨當一面的條件。錢幣侍者在大部分的狀況中，都代表一個「沉潛、培育」的過渡時期，不適合在這種時候強出頭，因爲那反而會讓自己的進度變得更慢。這張牌還可以把它解釋成「惦惦吃三碗公」的人，把所有力氣都花在自我準備上，不會去管外在的閒事，因而讓自己的基礎更爲扎實。

● **愛情**：一般來說，這張牌常常代表愛情緣分未到，就算勉強交往，也常會無疾而終，要等到事業有一定的成就後，才會開展眞正的戀情。面對心儀對象不宜操之過急，宜長期布局。

錢幣騎士（土中之火）

土的本質，以火的作用來表現。

錢幣騎士的元素結構很好，土元素有耐力能跑馬拉松，火元素則是跑百米衝刺的高手，組合成這一張更加有力的土元素牌。**用火的作用力來助土元素一臂之力**，可以讓這張牌更加穩健踏實，而且能讓別人看到它的實力。錢幣騎士是以土元素爲主的牌，它是「潛力股」，目前看起來就是穩紮穩打，沒有驚人的聲勢，但那股絕不放棄不服輸的意志力，已經足以表現出來了。就算在資歷尚淺時，它也比一般年輕人來得穩重且謹慎，是一張值得期待的牌。

●**人格**：錢幣騎士跟錢幣侍者很像，都是沉默一族，不同的是，錢幣侍者還沒有跟人一較長短的實力，它必須把時間全花在自我學習上，不能分心；錢幣騎士則是早已比同年齡的人擁有更好的實力，但是低調的土元素個性，以及沒有把握絕不出手的企圖心，會讓它懂得樹大招風的道理。再者，就算現在的成就已經算不錯，但在錢幣騎士的眼中，未來的版圖更是不可限量，比較起來，眼前的小小成績就沒什麼好說的了。

●**狀況、環境**：在事業方面若抽到錢幣騎士，代表一切都穩定地進行當中，沒有什麼意外狀況；這張牌表示在工作上，已經做好一切最縝密的規畫，算好了每一個步驟，杜絕一切可能的問題，所以把事情交給錢幣騎士，你可以很放心。唯一的缺點就是，錢幣騎士太專注在它的目標上，只要出現跟它計畫不合的事，就無法應變；也沒辦法轉化危機找出另一條路，大部分只能硬碰硬，不是成功，就是失敗。這樣缺乏變通性，對拓寬版圖及人脈，都沒有幫助。

- **愛情**：在感情方面不善表達，甚至有點反應遲鈍的現象。但是一旦談起戀愛，絕對是忠誠又有責任感，只是不懂花稍的錢幣騎士，少有異性能看到它的優點。

錢幣皇后（土中之水）

土的本質，以水的作用來表現。

錢幣皇后的元素結構全都是陰性元素，因爲有水的作用力，它就成了**較爲柔軟、願意流動的土元素**。雖然沒有聖杯皇后的水中之水那麼柔，但土元素的本質還是有著跟水元素不同典型的女性化，這張牌我通常稱它爲「貴婦牌」。因爲兩個陰性元素（土、水）的皇后雖然都擁有包容力及母性，但不同之處在於，土元素強調物質與感官，所以錢幣皇后在錢財方面較爲充裕，並且比較雍容華貴，肯花心思打理自己的整體形象。

- **人格**：錢幣皇后比起其他三位皇后，更多了一份「韌性」，土元素的財富讓這張牌在太平盛世時，可以跟聖杯皇后一樣內斂而溫柔，但多了精明及社會化的頭腦，而不是順應他人，她一直很清楚自己在社會、家庭中該扮演什麼角色，並且盡力去做到。但如果遇上貧乏窮困的時期，她一樣也可以撐過去，並且在這段過程中，再怎麼沒錢都不會失去淑女風範，也不會失去禮節與教養。錢幣皇后代表的女人典型，是最被一般社會所稱頌及需要的。

● **狀況、環境**：這是一張很穩定的牌，在事業方面若抽到錢幣皇后，不管男女都代表擁有細膩的心及敏銳的觀察力（土元素的精明加上水元素的敏感）。在整個職場中，你或許不是最出色的，但絕對是最謹慎本分、恰到好處的一個，而且可以在其他人出錯或手忙腳亂時，扮演補救或是安定人心的角色。這種讓人安心的特質，就算沒有建立什麼豐功偉業，仍會是大家公認不可缺少的一分子。

● **愛情**：以安全感爲第一考量，對象的經濟能力也是不可忽略的。但這張牌的責任感非常重，一旦確定對象是可以盡到自己義務的人時，絕對不會逃避自己應盡的責任。

錢幣國王（土中之土）

土的本質，以土的作用來表現。

錢幣國王的結構很單純，就是**雙重土元素，沒有其他的性質**。土元素缺少其他元素的活化，會顯得格外固執僵硬。因此錢幣國王非常的嚴肅頑固，不過他不像寶劍國王的嚴苛是一種優越感的展現，而純粹是基於是非與道德觀。雖然他是盡責的好丈夫好爸爸，但這類的人通常不太好溝通，當他的家人可以衣食無虞，心理上卻可能煩悶、無趣，或是有壓力過大的問題。這張牌的耐力無與倫比，可以堅持任何不可能完成的任務直到最後。

●**人格**：錢幣國王是標準的死硬派，因為用自己的毅力跟決心撐過了生命中的一切風波，因此無法認同世界上還有別的方式；對於生活中遇到的磨難，也會二話不說扛下來，而且不會浪費時間怨天尤人。就像錢幣皇后一樣，錢幣國王很有享受的本錢，所以也喜歡吃好穿好。如果是進入一個困境中，錢幣國王也不會有適應不良的問題，因為在錢幣國王雙重土元素的觀點中，生活本來就沒那麼自在，不管遇到什麼，都要咬緊牙關度過。

●**狀況、環境**：在事業方面若抽到錢幣國王，就會很有遠景了。錢幣國王的雙重土元素，象徵「緩慢」，所以如果你要進行一個新計畫，那麼成功的時間不會太快。但是如果不要急躁，漸漸累積一點一滴的小成就，等到最後出頭時，就再也沒有什麼事能打倒你了。這張牌的另一個好處是，雖然職場的限制很多，但是可供運用的資源也不會匱乏，類似有大企業、大單位在支持的狀況。

●**愛情**：在找男女朋友時，就已經不是抱著談戀愛的心態，而是在找適合共組家庭的對象。跟這種人交往時，生活的現實面可能會磨掉所有戀愛的甜蜜，但它的忠誠與責任感是可以信任的。

PART 4

解牌精選實例

這個單元分為「單張牌的解讀」及「牌陣解讀」兩大部分，都是作者在教學或諮詢時所親身經歷的案例。每個解牌個案著重在四大元素與數字的判讀，不拘泥於牌義，也不陷入正逆位的俗套解法。

單張牌的解讀與牌陣解讀

單張牌的解讀

初學者適合抽單張牌來解讀，原因有二：

1 對每張牌單獨的性質可能還沒辦法徹底掌握清楚，對於一張牌的認知也還是只從表面去解讀。

2 很多牌之間往往表面雷同、背後含意天差地遠；或是表面看來兩極化，但實際上兩者有很多本質相通之處。

因此，如果同時出現超過三張以上的牌，也就是說形成牌陣的話，對於底子不穩的初學者來講，很容易就會被表面的過多訊息擾亂，尤其是如果牌與牌之間若有衝突，就更難堅定地掌握住每一張不同牌的核心定義。所以適合用單張牌，簡單地看出一件事情中的某一個面向、某一部分重點，再經由確認事實來補充這單張牌沒有看出來的部分。

單張牌由於沒有多張牌可以互相比對元素及數字，所以要就事件本身，去跟這張牌的性質作比對，難度是會比較高，但越來越熟悉之後，就可以把每張牌當中的基本結構摸索到出神入化的地步，運用在牌陣解讀時，會有更清晰的全觀能力。

等到對於每一張塔羅牌的個別含意都非常清楚後，並熟悉單張牌的運用之後，就可以嘗試多張牌的串連解讀，也就是牌陣。

牌陣的好處是，每一張牌位置不同，定義就不同，所以一件事就可以從不同的角度去觀察。例如世界牌是一張已成形的、固定的、已到達頂點的牌，如果出現在「未來」的位置，那非常好，有一種你只要認眞踏實，未來就會到達顚峰的意思；但是如果世界牌是在「現在」位置，代表你做事的模式已經固定住了，雖然得心應手，但也失去激盪新觀念的機會，甚至會有點故步自封了；如果世界牌出現在「過去」的位置，就代表可能你最好的狀況已經過去，現在要降低標準，或是想辦法東山再起，或是開發一條新的路線（當然，這都只是就單張牌來看的「概論」，加上其他的牌就會有變化）。

牌陣解讀

牌陣解讀是現在最常採用的手法，因爲一件事情中包含很多面向，例如「我的工作運」

這個單一問題，當中就包含了「我個人的狀態、公司的狀態、同事（包括上司與下屬）的狀態、個人的運勢、正財的流向」等等部分，如果是經驗不夠的人，恐怕沒有辦法從單張牌當中，找到所有他要的答案。

要想不用牌陣，就必須針對每一個細部問題點分別抽牌，這樣恐怕會曠時費工；所以依著前人流傳下來的牌陣來占卜，通常表示它的配置最能抓到重點，同時也是一種省時又省力的程序。

一個牌陣，因爲出現的牌是複數的，所以拿來做數字及元素的比對，或是觀察這些基本結構之間的變化，會特別方便；有時遇到強烈一點的元素分布狀況，例如只有某個元素，或獨缺某個元素，或某個數字不停重複，或是數字的位置是增加或減少……，甚至可以不細讀每一張牌，就能推論出事情的全貌。

在按照順序解讀完每一張牌之後，還可以用「連鎖解讀」，也就是把整個牌陣當成一張牌來看待，觀察元素的分布，以及各張牌的含意是互相呼應或衝突，都能解讀到其他的幾個面向。如此綜合起來，就是還原一件事情的立體樣貌了。所以用牌陣，不一定要受限於牌陣。**因此，常常有很多網友寫信來問我說：「聽說不需要用牌陣來解讀，代表功力比較強，是嗎？」**

網路界時常會吹起一些奇怪的風氣，不管再怎麼莫名其妙的講法都有人鼓吹或奉行。但我覺得這種事情是沒有定論的，於是我通常回答：「這樣說好了，如果你已經**把牌陣運用到精通了，那麼不用牌陣，就等於是有辦法可以超越牌陣**（我沒說出口的是：就算用了牌陣，你一樣可以超越牌陣，要弄到「特地不去用牌陣」，正表示你擺脫不了形式）。但如果你連一般牌陣的解讀都不會，那麼你不用牌陣，只能表示**你應該是分不清楚同一張牌在不同位置的意義，既然分不出來，只好乾脆不用牌陣不管位置意義了**。基本上，在牌陣中就已經可以運用不看牌陣的解讀法，所以還要「特地避免使用牌陣」，是一種很奇怪、很沒根據的多此一舉。

接下來，我要跟讀者聊一些有趣的個案當作解牌範例，這些都是我親身經歷的眞實個案，但因爲這本書的主旨是放在四大元素，所以我選擇針對元素的解讀途徑，作爲這些解牌範例的主要表達重點，其他不同牌種的專用符號及元素，不在討論範圍內。或許看過這些範例後，讀者就會恍然大悟：原來解讀塔羅牌不用受限於形式，可以這樣看、那樣看，可以從這邊想也可以從那邊想，然後就可以透過塔羅牌，去看到事物最核心的本質了。

單張牌解讀——【實例1】

不同問題出現同一張牌

有一天晚上，一個朋友憂心忡忡地打電話來說：她哥哥去朋友家聚餐，預計晚上十一點左右會回到家，但現在已經半夜十二點多了，還是不見人影，打哥哥的手機也都是關機或收不到訊號。聯絡不到人，家人開始擔心，她就想起以前曾經學過一點塔羅牌，雖然不是很會占卜，但心想抽了牌後，再翻翻書查查牌義，應該可以猜出個大方向，所以就拿出塔羅牌來問：「哥哥現在的狀況如何？」

問題1：哥哥現在的狀況如何？

解題：錢幣五

她神經質地問我：「天哪！錢幣五。我翻了書，都說是缺錢。他不是去朋友家聚餐嗎？怎麼會缺錢？還是他們其實是去酒店？還是他在路上被搶劫，拿不出足夠的錢讓搶匪滿意……天哪！現在我們該怎麼辦？」

我聽著聽著覺得事情應該不是如此！這張錢幣五是土元素，如果遇到什麼跟暴力或犯罪有關的事情，恐怕不是區區一張錢幣五就可以表達那種嚴重性；雖然錢幣五不算是一張好牌，但它代表的負面意義也不是那種具有破壞性或傷害性的（這是火元素的負面特質）；土元素的負面特質除了金錢方面的壓力外（不一定是匱乏），也有一種凡事受阻、停滯、無法突破困境的味道，會「消耗」人的心力，但不會是很直接的傷害。

拿偉特牌來當例子，錢幣五這張牌的圖案是兩名乞丐：一個是腳上纏滿繃帶，還拿著拐杖；另一名衣衫破爛、身形佝僂，畏畏縮縮又很憂愁的樣子，兩個人走在冰天雪地裡。一般通用的牌義書，會特別強調牌圖中這兩個人的貧窮，但是除了這一點，還有一個比較不那麼被人注意的重點：那就是在這種環境下，身體不健全或穿得不夠保暖的人，可想而知他們的行進速度一定無法太快，所以錢幣五更貼近根源的牌義就是：「**行動受阻**。」以大家公認的牌義「貧窮」這一點來看，因為沒有錢，所以不能想做什麼就做什麼，這也是「行動受阻」。因此，我們不能只把錢幣五限定在「沒錢」的範圍之內，沒錢只是眾多可能性之一而已。

我們回到這張錢幣五的本質來看，如果不要受限於牌圖給我們的暗示，光是從「土元素」與數字5來看，「環境上受限」的意味就更明顯了。土元素含有「停留、不移動」的意思，而5這個數字在我的定義中，就是從上一個數字4的安全範圍內走出來，但是就像正要學走路的小孩，剛剛離開安全的學步椅，一定會走得跌跌撞撞的，沒有辦法走太長太遠的距離，所以左想右想，行動都會受阻。

因此我打斷朋友的歇斯底里，告訴她我的分析，並向她保證錢幣五真的不是什麼需要交贖金或保護費的狀況。她雖然鬆了一口氣，卻還是很擔心地問：「我哥哥現在究竟怎麼了？」我想了一下，回答她：「就5這個數字來說，他應該是困在某個地方，也許是建築物，或是一個讓他進退兩難的地方。如果現在是白天，我會猜他是塞車，手機又剛好沒電或收不到訊號（兩者都有土元素加上5所顯示的受到環境造成的阻礙），但現在是半夜，所以最有可能的就是迷路找不到確定的方向，或車子壞了，手機又剛好沒電無法求援。」她說：「不管是迷路或車子壞了，總應該有公用電話可以打吧？」我說：「這點我就不知道了，或許他是在一個很特殊的狀況或環境下。」總之，我覺得沒有立即性的危險，請她先不要太過著急。

隔天，她又撥了電話過來，很高興地表示：昨晚我們通完電話後半個小時，她哥哥就回到家了。晚歸的原因是，她哥哥的朋友住在管理式大樓中，出入及搭電梯都要有感應卡才能通行，昨晚聚會到一半，她哥哥先行離開，這位友人就送哥哥去搭電梯，用感應卡幫哥哥按下電梯要去的樓層。但她哥哥到了地下停車場開車要從車道出去時，才發現車道也需要感應卡才能通行，而要搭電梯回朋友住處求救也需要感應卡，他人在地下四樓，手機又收不到訊號，樓梯又是黑漆漆地一片……所以，他就這樣被困在停車場內很久，直到有住戶開車回來才解決問題。

雖然狀況不完全是我描述的情節，但基本上的意思跟環境上受限是相差不遠的。

在課堂上，有位女學員想要知道：「她跟男友之間面臨的最大問題。」這位女學員在家時曾自行抽牌，同樣也抽出了這張錢幣五。因為當時我們上課的進度還沒教到數字牌，所以她也是翻書解釋，然後上課時大惑不解地舉手發問：「老師，我抽牌詢問我跟男友之間的問題，結果抽到錢幣五。但是我跟男友之間並沒有任何金錢借貸關係，怎麼會抽到這張錢幣五呢？」

問題2：她跟男友之間面臨的最大問題？

解題：錢幣五

錢幣五當然有可能代表的是缺錢及借貸關係，但是就像上一個例子所講的，更貼近源頭的解釋是「現實環境上的阻礙」。如果不是金錢方面的問題，所謂的「現實環境」，我會認爲是溝通方面的阻礙；但是這張牌並沒有雙向溝通的味道在內，至少不是言語溝通上的問題，而5這個數字就是「難以突破既定現狀」……這麼一來，我能想到的，就只有兩個人在「實體接觸」方面的問題。

於是我問這位女學員：「我猜你們兩個人見面及一起生活的機會應該不多，所以這張牌的意思是說，這樣長期下來，會造成兩人之間的隔閡。但會這麼不容易見面，難不成你們住在不同縣市，或是兩個人一個上正常班、一個上大夜班之類的？那就可以解釋爲什麼現在通訊這麼發達，你們的接觸卻會受阻了。」女學員很驚訝地說：「是啊！我男友去年剛好被調到南部工作，而且我們的上班時間也確實相差很多，不到大夜班的程度，但能夠同時休息的時間眞的很少，所以自然見面、分享心事的機會就越來越少了。」

另外，我的另一個學生，用我教授的解讀邏輯去判斷這位女學員的案例，他的結論是：「有一些困難讓這兩個人的感情停滯無法前進。」雖然簡短了一點，但這個結論也是對的。因爲會讓這位女學員煩惱到要抽塔羅牌，一定是她對於兩個人的未來有什麼期待，例如結婚這一類的，但就現在的狀況看起來，好像很難讓感情加溫到那一步。所以雖然我們兩人的答案乍聽之下不同，但這位同學的解讀，也讀出了女學員另外一面的心態。

這兩個案例，可以說是跳脫牌圖的思考模式，回到根本源頭的解讀技巧。我認爲牌圖當然很重要，因爲裡面隱藏了很多的訊息。但是不能直接用看圖說故事的方法解讀，因爲每個人對同樣的畫面都有不同的解讀觀點，所以如果不搭配塔羅牌的根本元素，太過依賴牌圖的話，對每一張牌的解釋就會流於單調平板，而且過於偏頗。甚至同一張牌在不同的位置上，還是用同一套關鍵字來解釋，當然就解不出細節了。這樣不但很可惜，也錯過了塔羅牌最有趣的部分。

單張牌解讀——【實例2】

一張牌是好是壞，如何判讀？

有一次，在課堂上做實占練習時，一位在外商公司擔任業務工作的女同學提了一個問題：「A公司會跟我們下單，讓我達到這一季的業績嗎？」然後她抽到的牌是一張聖杯二。

問題：A公司會跟我們下單，讓我達到這一季的業績嗎？

解題：聖杯二

從我教授的元素學來看，水元素在這種廝殺戰場是很難取得勝利的，但是聖杯二又是一張不算太差的牌，從偉特牌的牌面圖案來看，具有雙方友好、交流性不錯的含意。這下她就有點頭痛了，究竟這張牌代表這筆生意會成，還是不會成呢？

就業績而言，水元素不算太有利，但也沒有貧乏感，應該是不好不壞；這時我們就要想想，對這位同學而言，「不好不壞的狀況」是什麼？應該就是有業績，但不能光靠這一筆生意來達成她整季的目標。但是她會這樣發問，表示這間A公司算是大客戶，就水元素及數字2來看，應該可以推論出A公司跟她算是交情還不錯的朋友關係，不只限於客戶跟廠商的關係而已。

※小提醒

聖杯二是水元素，號碼是2，象徵平和、溫馨、愉悅的感覺。在人際關係上，聖杯二是一張滿和諧的牌，在合作或往來交流上，都是個不錯的象徵。

如果就感情、人際上來看，聖杯二確實是一張很不錯的牌；但是水元素對於財運及事業運來說，雖然不會太差，但也沒有什麼能量，因爲水元素畢竟是陰性元素，較爲被動，生產力及突破性也不大，所以比較難成就什麼工作上的大案子，或有什麼可觀的業績。

因此我問她：「這家A公司跟你們公司是長期合作的關係嗎？也就是說算是老交情？」她說：「是的，我們多年來合作生意，幾乎是只要時間一到，簽個約就可以了。」我說：「但是這一季妳應該有點擔心，可能是因爲景氣或是產業環境的關係，讓他們下訂單沒有以前那麼乾脆？」（因爲水元素比較沒有那種大額訂單的感覺）她說：「是啊！但是我覺得聖杯二看起來有兩邊交流良好的意思，所以應該是沒問題吧？」

我說：「我們來看聖杯二，按牌圖來看確實是兩個人交流良好，但是水元素牌表示交流的是感情，所以我們可以推論，因爲長久以來跟你們公司合作的經驗非常愉快，所以即使A公司有其他更划算的合作對象，或者這陣子比較不需要你們公司的產品，都還是會想跟你們維持一個合作關係。」這位同學說：「我想是的，因爲交情眞的不錯。」

所以「訂單會談成」這一點，我們可以確定了，但是水元素的獲利並沒有那麼大，這個特性我們也要納入來看。所以我說：「雖然生意會談成，但是要有很大的獲利，必須是火元素或土元素才會比較好，聖杯及數字2，都沒有火或土的特質在裡面，所以這次業績應該就是錦上添花而已，對於你的業績表現可能無法有決定性的幫助。」以這樣的推斷，我的結論是：「A公司會跟你們下單，但是數量會比以往少很多，只是想維持一個合作習慣而已；或者是A公司想要殺價，生意雖做得成，但是你們的利潤會變少。」這種狀況可以同時符合聖杯二的合作性質，也符合「工作方面的問題遇到水元素時，成就力量會減少」的性質。

這位同學回答：「對耶！他們現在就試圖跟我們殺價呢！他們在議價過程中非常認眞，對於這筆生意也很有誠意，所以我們公司也覺得應該沒問題，但是對訂單數量就有點擔心了。」這時她看看筆記本，又驚叫起來：「老師，抱歉，我這張牌抽到的聖杯二是逆位的，剛剛我忘記說了，這怎麼辦？」

每個占卜師對於同一張牌的逆位解讀都有所不同，而我是傾向認爲同一張牌的正逆位所擁有的特質是相同的，只是這種特質往正面或負面發展而已。所以我說：「如果不用元素來解牌，以一般公認的共通牌義來說，聖杯二的正位就是美好的、順利的；而聖杯二的逆位代表交流受阻，或關係不夠深入、表面關係重於實質關係。」接著我又說：「工作上的獲利或成功，需要的是火元素跟土元素，就這一點而言，水元素與妳的問題有所牴觸，表示獲利空間不大，但數字2表示雙方是有一個對等的關係存在，所以剛剛我給妳的答案，是不是已經同時包含了聖杯二正位及逆位的意思了？」她對照一下以往讀過的塔羅牌義資料，覺得這個答案確實是涵蓋了聖杯二的正逆位意思。

從這個案例可以看出，很多問題的答案不是只有「是」與「否」而已。如果牌面的解釋搭上你的問題，會讓你覺得衝突或模稜兩可，你反而應該要覺得很高興，因爲塔羅牌的牌義多面交錯，就是要有衝突性，我們才能從合理化的過程中，推論出最貼近事實的答案。

這個案例最有意思的地方在於，凡是對塔羅牌占卜有經驗的人都會比較依賴正逆位，因爲他們比較急於想知道是好是壞，通常不重視四大元素。但是元素的判別，往往可以取代正逆位的特質。不過如果精通四大元素的人，還想加上正逆位的判讀，那當然是可以的，只是跟一般的正逆位解讀法又有點不同了。

單張牌解讀——【實例3】

單張牌的變化運用

某次受邀參加一位學生的公司聚會，現場大都是我不認識的人。大家對塔羅牌的準確度都很好奇，其中一位S小姐特別有興趣，提出的問題都很關鍵。雖然我的原則是「不用自己的職業免費幫人提供餘興節目」，也不可能在需要放鬆的時候還義務工作自找麻煩，但是因為S小姐不像是會得寸進尺的人（笑），整個人的能量也很正面，所以我很樂意為她示範「從塔羅牌上可以讀到什麼東西」。

S小姐的生活中沒有什麼太大的困擾，想了半天，問了一個不痛不癢的問題：「我跟男友之間的關係」，提問時她的表情平和自然，即使不看塔羅牌，也可以知道她的感情應該沒有什麼太大的問題才對，乍看之下事情好像很簡單。但其實，這種情況才是解牌的大挑戰，因為如果有衝突性，你很容易就能從牌面上抓到事情的重點，但是太過生活化沒有起伏，有時塔羅牌面顯示出來的狀況就會沒有一個集中點，會比較難切入。

問題：我跟男友之間的關係？

解題：聖杯十、權杖四

由於感情不能只看一方，需要看看對方的狀況來判斷當事人的狀況。所以我請S小姐抽了兩張牌，一張代表她本人，另一張代表她的男友C先生。結果不意外，S小姐的位置抽到聖杯十，C先生的位置抽到權杖四，兩張牌都有很強烈的「感情穩定」含意，看起來這段感情至少在短期內不會有什麼意外。

S小姐這邊的聖杯十，是由「水元素」及數字10所組合而成，我們都知道水元素的特質是平和、感情流動，在感情方面（不管是親情或愛情）都有和諧安詳的寧靜意味；而數字10代表已經走到最後了，已經圓滿可成爲結局了。水元素加上數字10，這張牌意味著在感情上已經可以說別無所求、不需要更多了。

因此大部分牌種的聖杯十，在牌圖上都會以家人之間的融洽幸福來作爲表達的重點，表示這份感情不再是小情小愛，已經昇華到在同一條船上，互相扶持、榮辱與共的感覺。S小姐抽到這張牌，可以看出她的心態，基本上可以說已經認定對方，不會再要求轟轟烈烈的新鮮感，覺得這段感情就是她的歸宿了。

代表C先生的權杖四，也是一張在感情（或任何方面）非常有利的牌；權杖四由「火元素」

跟數字4組成，4代表「堅實的基礎、穩固」，不管在工作或愛情、家庭，都代表已經做好萬全準備，非常安全且務實，是一個很好的「地基」型數字；加上火元素的前進性、創造性、期待突破，所以權杖四是希望在既定的現有基礎上，建設出更大的局面。由此可以知道，C先生對於這段感情有著強烈的責任感及期待，希望兩個人可以一起創造共同的未來。

我跟S小姐說明我的解讀後，她滿臉幸福地說：「是啊！我們已經交往快十年了，興趣、生活習慣各方面都非常契合，我們都覺得找不到比對方更適合的伴侶了。」在場的其他人都紛紛表達羨慕之情，覺得這麼平穩的感情，理應沒有任何問題存在了。

這時我說：「這個時代中，有這麼好品質的感情，眞的是難能可貴，你們的關係中只剩下一個小小的問題。」此話一出，包括S小姐在內，在場的人都一臉驚訝，這麼好的感情狀態還會有什麼問題？

我問S小姐：「妳跟男友間的爭執應該不多，唯一會讓你們常常意見不合的地方，就是妳男友隨時在計畫準備成家，希望早點結婚，但是妳卻覺得現況就很好了，不想再有改變，也覺得結婚是多餘之舉。」S小姐很驚訝地脫口而出：「妳怎麼知道？他整天在談結婚的種種計畫，我卻覺得現在這樣就很好，幹嘛非結婚不可呢？一旦結婚，我們的感情說不定反而會變質，而且結婚的過程實在太麻煩了，我很不想去面對。」這時現場有人拿起聖杯十（偉特牌）這張牌仔細端詳，問我：「老師，妳爲什麼會覺得S小姐不想結婚呢？這張牌的圖案看起來，是一家和樂的狀況啊！如果光看這張牌，我會以爲她很想結婚呢。」

我回答：「如果今天的問題是『S小姐對這段感情的期待』，那麼出現聖杯十，的確代表S小姐希望有一個圓滿的結果，最好是結婚、成家。但是今天的問題是『S小姐面對這段感情的心態』，這個問題就是當下的狀況，是現在進行式，代表S小姐覺得現在這樣的狀況就已經是圓滿的結果了，既然已經很圓滿，就不需要再進一步了。」

接著我又說：「C先生這邊抽到的權杖四，最貼近本源的意思就是『在穩定中求發展』，雖然他覺得現在的感情狀況非常好，但是數字4只能代表是一個基礎，基礎是拿來發展更高更大的格局的。所以按C先生的想法，現在這個美好的感情關係應該要拿來當成建立一個幸福家庭的基礎，而非這段關係的最終結果；他夢想著結婚、想買房子、想生小孩，戀愛對他來說，只是成家的前奏曲，他不希望感情到了這個地步就停頓下來。」這時S小姐有點不好意思地說：「對啦！他的確是對別人有家有太太有小孩感到憧憬，常常掛在嘴上呢！」

這兩張牌雖然在感情的穩定度方面十分相似，但是4的穩定跟10的穩定，程度上有很大的落差：4的穩定是階段性的，而10的穩定卻已經是結局了，所以4會想要更進一步，而10是最後一個數字，不會想要再前進。另外，權杖是火元素，屬於陽性元素，當然會有「前進、創造、突破」的本能；而聖杯是水元素，水元素傾向於「平靜、感受、體會當下」，也就是說比較偏安且被動，雖然很懂得欣賞當下生命的美好，但是對於未來不太會想冒險及突破。因此火元素加上數字4的C先生會對未來有更遠大的計畫，而水元素加上數字10的S小姐，想的卻是把此刻的美好維持到永久就好了。

這個案例是在朋友聚會時，因爲好玩隨手做的解讀，所以不是用很正式的牌陣，只是在需要觀察的兩個地方分別各抽了一張牌，除了可以從單張牌看出狀況，更可以進一步把兩張牌拿來作比對，這就是元素比對的第一步，在之後講到多張牌的牌陣解讀中，就需要大量發揮到這種比對技巧了。

單張牌解讀——【實例4】

牌義與問題的屬性不同，如何解？

在一次小型團體活動中，我們利用剩下的時間做了實占練習。由於現場的人都是剛入門不久，提出的問題都比較籠統，要他們互相解讀時，若遇上牌義跟問題不是同一個屬性，大家就會比較慌張、難以切入。

學員交互解讀進行到一半時，我聽到一陣小小的騷動，就靠過去看看發生了什麼事？一般來說，同學對照著講義，即使沒辦法解牌解得很確切，但還是會有一些看法，但是這位同學問的問題是「三個月內的財運」，他抽到了戀人牌，這個答案好像把大家困住了。

問題：我三個月內的財運如何？

解題：戀人牌

現在困住人家的地方就是，戀人這張牌看起來「好像還不錯」，但也不知道好在哪裡。有人說：「老師，風元素看起來好像對財運不太好耶！」確實是這樣，風是無形無體的元素，而錢財是一種很具體、能量又強的東西，碰上風元素當然不太好；所以戀人牌本身的正面含意，會被

「風元素與錢財不合」這一點抵銷。

我問抽到這張戀人牌的同學：「你是SOHO族嗎?或者你不是做固定工作，而是按件計酬的?」他聽了大吃一驚，說：「是啊!我做的工作的確是比較個體戶類型的。但這是怎麼看出來的呢?」

一般人所謂的「財運好」，大部分是指有很多錢進來，或是有長遠而固定的財源。戀人牌雖然是一張美好的牌，但它美好的性質在於跟許多不同的事物接觸，以及「未知的事物對它有強烈的吸引力」，因此跟財運所需要的優點是不同的；但戀人牌會接觸不同的對象，並且會跟對方產生交流，「交流」就帶有勞務報酬的互動性質在裡面，所以我們可以判斷：戀人牌會有一些新的財源，只是金額不會很大，也不會是可維持很久的固定財源。「不固定」這個特質，從戀人牌的風元素性質可以看出，而且風元素是分散的，因此錢財有可能從四面八方來，但錢入荷包的次數及頻率都是不固定的。因此，針對戀人牌「不固定但是會出現」的特性，我的結論是：「你的偏財很多，而且都不是在預定計畫內賺的錢；換句話來說，就是沒有正財。」我以這一點再進一步假設，才會判斷他或許沒有固定的工作，而是用機動性的模式來賺錢。

「財運」與土元素密切相關，而戀人牌是風元素，既缺乏具有賺錢動力的火元素，也沒有對錢財方面能屈能伸的水元素，所以沒有什麼新的財源。但戀人牌的活躍特質，代表在賺錢這件事上，問卜者還是一直有活動的，而且戀人牌的序號是6，數字6代表會受到很多貴人的幫助，讓整體運勢提升；而一般在職場上，貴人很少是突然出現的，會有這麼多不同的貴人，表示他在短期內必須跟不同的人分別合作。因此綜合起來，抽到戀人牌一方面表示財運持平，二方面又意味著會跟許多不同的人合作。這張牌在這個問題上，若單單只解讀為「持平」，就會太過籠統，這時我們必須利用上述的歸納法，推測問卜者實際上可能遇到的狀況。

我常常看到占卜者犯的最大通病，就是脫離不了牌義「關鍵字」的框架，很多人在碰到功利性高或錢財等等硬性問題上，若抽到感情屬性的牌，例如這個案例的戀人牌，以及被稱為「小戀人牌」的聖杯二，就會不知道該如何解釋。因為這種跟感情相關的牌，關鍵字大都是拿來形容愛情事件，如果占卜者沒能掌握牌義本質，就很難擺脫牌圖及關鍵字的束縛。

單張牌解讀——【練習】

塔羅牌「讀心」的能力

很多年前，某大學要籌組塔羅牌社團，籌備這件事的幾位老師和同學打算開一個說明會，讓大家知道塔羅牌到底可以做些什麼，也順便招募創社社員。按照學校規定，需要有二十五名以上的同學連署才能遞件，而我那時剛入行不久，常接到這所學校諮商輔導單位的活動個案，而籌備的老師中也有一些是我課堂上的學員，因此就答應去當主講人。

當天晚上，約有二、三十人來聽講，我想應該沒有時間一個個瞭解他們對塔羅牌的看法及創社的意願，所以我就簡單地說明塔羅牌的源流以及作用，然後對大家說：「我想知道你們想要瞭解塔羅牌的哪些地方，還有我想讓你們看看塔羅牌的實際作用，如果分成兩部分來進行的話會太花時間，我們簡化一下過程，直接讓每個人抽一張塔羅牌，讓我來猜猜你們今天來到這裡的心態，順便也讓你們看看塔羅牌到底有多少能耐。」大家一聽當然很感興趣，畢竟再多口頭介紹，也比不過親身體驗。

那天晚上的案例很多，基本上每個人隨機抽到的牌，都很神奇地跟他們的心態非常吻合（在我看來很正常）。本來我是直接就牌面上解讀現場同學「來這場說明會，想得到的收穫是什麼？」但發現這樣問好像比較難抓到重點，後來我試了幾個人後，確定應該先用他們抽到的那張牌來解讀他們自身的狀況，然後再延伸到他們今天來到這裡的目的，感覺就會精確多了。接下來，我就挑一些印象比較清晰的例子來介紹，也請讀者實際練習解讀這些同學們的狀態。

問題：猜猜他們今天來到這裡的心態？

解題1：一位看起來很和氣的女同學抽到「空白牌」

解題2：高高瘦瘦的A同學手上的牌，是一張「寶劍六」

解題3：斯文型的B同學抽到「權杖一」

解題4：有點像社會人士的女同學抽到「惡魔牌」

解題5：長髮、個子嬌小、發問非常積極的女同學抽到「權杖九」

解答1：

首先是一位看起來很和氣的女同學，她抽到了一張空白牌，我當下的第一個反應是：「她看到這個活動，就不假思索地決定參加了嗎？」但稍微再推敲一下，又覺得不是這樣，如果是這麼不假思索地就決定行動，應該是火元素的行為：火元素是不經過大腦思考過程的，可能一看到海報，馬上就決定要來參加，不需要經過任何考慮的過程，就是光憑著一股直覺及行動力。

但是就我個人習慣，我一向把空白牌歸類為水元素，原因如下：空白牌沒有任何牌圖，所以「沒有任何形式」，只是純粹讓一件事發生，沒有預期，也超出任何可預測的範圍，缺乏界線及固定形態，接近水元素的特質。水元素對於「要去參加一個活動」這種事，是很被動的，加上空白牌象徵的「全然在狀況外」，而且是「什麼都沒有」；不但牌面上無法顯示前因後果，甚至連現場瀰漫的那種「期待」氣息，她也都沒有，所以她應該根本沒搞清楚狀況，就來到現場了。

這時我開口問她：「這位同學，妳來到這裡之前，是不是對今天的主題完全沒有概念，不但不知道塔羅牌是什麼，甚至不知道今天要講的主題是塔羅牌？」這個女孩嚇了一跳，接著就笑了出來，點頭表示是這樣沒錯。既然如此，我就想了一下這個年紀的女生最有可能基於什麼原因，來到一個她根本不知道要談什麼的會場？然後我跟她說：「妳會來這裡，原因跟在場其他的同學不一樣，他們都是想知道塔羅牌是什麼才來的，但是妳是因為朋友或同學找妳來，妳就來了。」女孩聽到這裡，從微笑變成大笑出聲，開始點頭如搗蒜，然後很驚訝地看著旁邊的同學。我接著說：「而且妳朋友對妳提起這個說明會時，妳也沒仔細聽內容，妳心裡想：反正也沒地方去，不來這裡就只能回家看電視，所以就跟來看看了。」講到這邊，女孩已經笑到臉都紅了。

講完後我對她說：「剛剛我說的一切，都是我的猜測，現在我要正式問妳，在妳來到這裡之前，知不知道今天的說明會主題是什麼？」她笑著說：「完全不知道！」我說：「很好，那如果妳沒有來這裡，妳會去哪裡？」她更大聲地回答：「回家看電視啊！」講完後馬上跟一起來的同學大笑起來（嗯，是這樣沒錯，年輕女生的笑點都很低），還很興奮地交頭接耳。現場的其他人也跟著騷動起來，開始表現出極大的興趣。

解答2：

講解完空白牌後，我走到下一個位置，眼前坐著兩位看起來像是結伴而來的男同學。高高瘦瘦的A同學，手上的牌是一張寶劍六，我心中疑惑了起來，一般來說，會特地跑來聽塔羅牌說明會的，一定都是滿懷期待或疑問，但寶劍六是一張非常冷靜、算不上太好奇的牌，風元素的確有一點好奇意味，但更多的是理性及觀察；而數字6代表的是持平及社會化，與風元素結合起來，情緒是平靜、不熱情，比較像是「來看看這裡、看看老師到底是在做什麼」的心態。看來他對這場活動的好奇心，恐怕還大過於塔羅牌本身。想到這裡我靈光一閃，心想：那就表示塔羅牌這種東西，對他來說並不陌生囉？

不過我不好意思問得太直接，所以只試探性地對A同學說：「嗯，你是不相信或不喜歡這次活動嗎？因爲我從牌中看不到你對這次的塔羅牌說明會有太多期待，你好像只是想來看看我們今晚到底要做些什麼的？」（我不想說「搞什麼花樣」這種話，但這恐怕才是A同學心中眞正的想法。因爲我猜，他應該自覺已經瞭解塔羅牌了，對於這種說明會可能會覺得是講給完全不懂的人聽的。）

A同學一直都很平靜的表情終於有了變化，開始面帶微笑，坦然地說：「我已經玩塔羅牌好一陣子了，不過我是拜師學習的，所以有點好奇，想看看社團性的活動找來的老師是怎樣的，如此而已。」這種心態也確實合理，所以我請他好好地玩，就當成是意見交流，然後就轉往他身邊的另一位B同學。

解答3：

B同學的例子沒有什麼挑戰性，呵呵！因爲很湊巧的，他抽到的牌就是權杖一，權杖牌的屬性是火元素，而數字1象徵非常純粹的火元素。這張牌顯示這位男同學的心態是沒有任何懷疑及猶豫，就像是我看到空白牌時的第一個反應，所以我直接用剛剛看到空白牌時腦中第一時間冒出來又被我推翻掉的想法來問他：「你一看到宣傳資料，沒有任何考慮就決定要來參加，對吧？應該對塔羅牌好奇了很久，只是沒有參與過正式場合？」這位男同學高興地說：「對！我做事一向都是憑直覺，不會想太多。」我說：「這張權杖一，是很強的火象牌喔！」B同學看起來是斯文型的人，卻興高采烈地回答我：「對啊！我就是牡羊座的。」眞有趣，牡羊座是火象中的基本宮，跟權杖一這張牌「火元素＋數字1」的特質不謀而合，還眞是對應得很徹底啊！

解答4：

接下來這位看起來有點像社會人士的女同學，很興奮又有點緊張地問我：「老師，我是眞的很有心想來瞭解塔羅牌，但怎麼會抽到惡魔呢？」我心想：「哇！這張惡魔牌，跟妳看起來一副實際冷靜的模樣，還眞是契合呢！」這位女同學看起來就是標準的「凡事都要找出原因」的精明幹練模樣，打扮也很時尚。

惡魔牌其實很簡單，這是一張土元素牌，象徵它不喜歡虛無縹緲的東西，對一件事物「可以衍生出來的附加價值」，比對事物本身的興趣更濃；象徵誘惑及重視現實利益的惡魔牌，並不是貪婪地予取予求，而是拿到手的每一樣東西，都會想用這個東西建立起一套模式，而非到處搜刮，所以我可以推測這位女學生的心態，比較接近「想弄清楚塔羅牌有什麼學理上或驗證上的依據」，如果她想學塔羅牌，理由也是想要「找出塔羅牌的邏輯性，然後用一套既定的流程加以複製」；不過，當然大家都知道，這是還沒進入塔羅牌世界前很容易會有的天眞想法，包括我自己在內（笑）。

由於惡魔牌的土元素特質，不同於具有神祕學性質的水元素與風元素，所以她來參加這個說明會，目的恐怕也跟塔羅牌本身的神祕感及相關學問沒什麼關係。想到這裡，我不小心就笑了出來，她很驚訝地問我爲什麼笑，我回答：「妳來這裡的目的，是因爲在電視上看過塔羅牌，妳聽說過但從沒接觸過，很好奇又不願意花錢嘗試，怕找到不高明的人。所以妳一看到宣傳單，馬上越想越多，妳已經想好如果學會可以隨時幫朋友算，有事時也不用花錢去找算命師，說不定妳還已經想到第二專長去了……」通常這樣的人，對於一件事物尚未瞭解之前，不可能冒著花冤枉錢的風險，而是一定要站在一個不會有損失的立基點，其實跟我的個性還滿接近的！

隨著我的解讀，她的表情從疑惑到驚訝，繼而哈哈大笑，承認這眞的是她腦子裡所動的念頭，而且很驚訝居然抽到的塔羅牌能夠顯示出來。這時我因爲好奇，問了一下她的星座，還眞的是個魔羯座的精明女生呢！

解答5：

現場有一位特別活躍的女孩，長髮、個子嬌小、發問非常積極，從她的表情看來，對過程中我解說的每張牌都能心領神會，似乎有很多自己延伸出來的想法，也會跟身邊的許多同學交換意見，談笑風生，個性看來很開朗。

我原先以爲她應該會抽到一張愉快的火元素牌，比如太陽牌或數字牌權杖組之類的，結果她手上拿的確實是一張火元素牌，只不過卻是一張權杖九，顯示她的表面雖然很堅強，但心裡卻很疲累，覺得四面楚歌。

火元素是能量非常強的元素，但是這種能量只能跑百米，無法跑馬拉松賽，短期內很有爆發力，但如果拖了太長時間，就會後繼無力，所以權杖牌到了第九個階段，雖然本身的能量還在，但只夠用來維持自己，無法發揮影響力，所以權杖九會受制於環境而非控制局面。這種喪失主導權的特質，對火元素來說會是很大的挫敗與關卡。

數字9，有一種「到了臨界點」的意味，表示前述那種火元素的生命力已經撐到剩下最後一點點了，接下來不是力氣用盡，就是必須重新再找到助燃物或燃點，才有辦法補充能量。可想而知，抽到這張權杖九的人正處於一種「需要尋求出口」或「需要充電」的狀態，不然就快撐不下去了，她有可能是現場心情最低落的人，但火元素就算在沮喪時還是很好強，所以不會表現出一副溺水想抓住浮木的樣子，還是會努力維持自身的尊嚴及社交禮儀。

我大概可以掌握她現在的心情，所以我對她說：「妳看起來很開朗！可是妳的牌卻告訴我，妳覺得自己已經找不到其他出路了。妳心事重重，想快樂一點卻沒有辦法，於是妳拚命地想幫自己找一個出口，所以今天不管是紫微斗數、八字、水晶……只要有可能讓妳的心情平靜下來，妳一定都會來參加。因爲妳想不到其他辦法了，所以妳也不是特別喜歡塔羅牌，只是這一類的活動妳都會盡量去參加，看看會有什麼收穫。這麼急著找出路，是生活中出了什麼事嗎？」

本來看起來充滿正面能量的她，隨著我說的這些話，表情漸漸黯淡下來。她還沒開口，身邊另一位像是陪她一起來的女同學就很肯定地接口說：「對！就算妳講的不是塔羅牌，只要是跟算命或靈性學有關的，她都會來，而且她確實已經跑了很多地方了。」這時女孩也喃喃地說：「妳說得對，我已經不知道該怎麼辦了……」

但我沒辦法問她詳細的狀況，因爲後面還有很多人抽了牌等著解讀，我只好跟她說：「現在我先把活動進行完，妳的事我們有機會再來處理，好嗎？」她點點頭，我就繼續下面的活動。後來我請我的學生在現場幫大家試算塔羅，只是不知道她有沒有留下來參加，而她的問題有沒有經由占卜獲得解答了呢？

牌陣解讀——【實例1】

「時間之流」牌陣I

抽牌規則

心中先默念問題，洗牌，切牌一次，攤開，再一邊默念你的問題，一邊用**左手**抽出三張牌（方向及順序不限），依照順序擺放到上圖所示的1、2、3位置。

適用何種問題

「時間之流」是一個**萬用牌陣**，不管是工作、財運或愛情，只要你希望對要問的事情有個全盤性的瞭解，都適合使用此牌陣。

「時間之流」的特色：

1 從「過去」位置，可以看到一件事情的成因。

2 從「現在」位置，可以看到現在是樂觀或悲觀，並分析出整件事情的勝算或問題所在。

3 從「未來」位置，可以看到整件事情的趨勢與走向。

【實占前叮嚀】

以下這個課堂上的例子，我要特別提出的一點是，這是剛教完二十二張大阿爾克納後所做的練習，所以不會出現宮廷牌及數字牌。當時我要班上的同學寫下心中最困擾他的一件事，就直接當成問題，然後我們試著從牌上找出盲點，進而推敲出解決之道。這是因爲「**有辦法看出發生什麼事，這是很正常的，但是想問卜的人，都是爲了自己的問題而來，而不是爲了來看你表演有多神準的！所以我們應該不只是要從牌上看出發生了什麼事，而且還要用塔羅牌來映照出目前的狀況，然後想辦法去駕馭這個狀況，才是我們要做的事**」。

問題

我跟這位男性朋友，有無可能發展成戀人？

【抽出的牌陣】（不分正逆位）

- 「過去」位置：節制牌（火）
- 「現在」位置：惡魔牌（土）
- 「未來」位置：死神牌（水）

這是個平常看來很率性的水瓶座女孩，我用的是「時間之流」牌陣，三張牌分別放在「過去」、「現在」、「未來」這三個位置。這時她告訴我，她的問題是：「我跟這位男性朋友，有無可能發展成戀人？」開出來的牌依序是：「過去」是節制牌，「現在」是惡魔牌，「未來」則是死神牌。

她看到惡魔牌及死神牌時，臉色馬上沉了下來。雖然惡魔牌象徵一種糾結的情感，但他們現在並沒有正式交往，所以惡魔牌象徵的是她個人目前的狀態；而且對於戀愛、穩定感情應該要有的水元素、火元素、土元素，這副牌中都出現了：火元素的「節制」、土元素的「惡魔」以及水元素的「死神」，對於感情的發展，看起來反而不會是沒有好處的。只不過「現在」位置的惡魔牌屬於土元素，代表一種「卡住、受苦」的狀態；而「過去」的狀況是美好的節制牌，至於「未來」的死神牌，我們可以當成只是「結束目前狀態」的一個象徵，是好是壞，我不認為是絕對的。

「過去」的節制牌，代表交流和諧、很有默契的雙方，又是火元素，有加溫效果，所以我就藉此判斷，她跟對方不是剛認識，而是已經有一段時間的朋友關係了，因為在一起的感覺很舒服、很自然，慢慢就日久生情了。這時我說：「你們應該是交情很好的朋友，思想、心靈方面都交流得很和諧，甚至有時候會有一種心有靈犀一點通的感覺，而妳是越到後來越發現兩個人之間的感覺可能已經超越了一般朋友的界線，是嗎？」因為節制牌代表的感情可是非比尋常的，有種少了對方，就缺少生活重心的感覺，所以我認爲他們的互動跟涉入對方生活的程度非常深。她聽完悶悶地回答：「是這樣沒錯。」

看她這種爲情所困的樣子，「現在」位置的惡魔牌就很好理解了。惡魔牌是一種被自己心理的欲望控制的狀況，我們在喜歡上一個人，又沒有立場明目張膽地過問對方一切事情的時候，就會產生出一種占有欲及控制欲。對方在不明所以的狀態下，也無法給出令當事人滿意的答案，這時她就會被自己的猜忌和多疑（惡魔牌的心態）控制住，但男方可能會覺得她變得很難溝通又很愛管東管西（這也是惡魔牌的控制欲）。這時候，兩個人的關係就會陷入一種僵局。因此我說：「妳現在有點失控喔！因爲不能主動表白，又覺得他應該也要很重視妳才對，所以妳會開始在意他有沒有凡事都告訴妳、隔多久會打電話給妳，甚至是跟其他女生多講幾句話，妳都會覺得他很可惡，而開始跟他鬧情緒。」她很煩惱地說：「沒錯，我也覺得我自己這樣很討厭，但我就是控制不住。」

這時旁邊的學員發問了：「老師，惡魔牌不是也有『執著、不擇手段』的意味嗎？爲什麼妳會認爲是她被自己的情緒困住，還產生混亂呢？爲什麼不會是她開始有計畫地推動兩個人的感情進展呢？惡魔牌那麼聰明又懂人性，對自己要的目標又如此執著，應該凡事都很有辦法，想要就一定會得到才對啊！」我說：「很簡單，妳看一下，這個牌陣的三張牌當中，所有元素都到齊，就是獨缺風元素，表示她少了理性的溝通，分析能力也沒有了。一旦理性面不在，她所有的行爲都是照著內心感覺直接反應，已經沒有思考跟算計的空間了。所以，惡魔牌中『無明』的那個部分就會被加強。」

最後一張的死神牌最讓同學們擔憂，但是死神牌是水元素，其實我倒沒有那麼擔心。我說：「妳現在的行為表現，就像是搬石頭砸自己的腳。如果繼續這樣莫名其妙地發展下去，可能會讓他覺得妳討厭他而慢慢疏遠妳。」她說：「如果我可以調整自己的心態呢？」我說：「死神牌是水元素，接續上一張惡魔牌的土元素，其實水可以把土的執著所造成的僵局化解開來，如果雙方疏遠，也不能說不是一種打開僵局的方式，只是這種進展比較負面。但如果妳可以調整自己的心態及作為，水把土的局面緩解了，兩張牌都是陰性元素，我想雙方的關係雖然不會突飛猛進，卻能維持下去，而且『過去位置』節制牌的火元素可以起一些些推動作用，應該會在不知不覺中發展成戀人關係（如果沒有這張節制牌的火在根本地方起作用，惡魔牌的土跟死神牌的水都是陰性元素，是很難突破的，就可能會一直曖昧難成定局）。」講到這裡，她看來鬆了一口氣：「那好吧！我回家以後會想辦法讓自己冷靜下來。」

雖然大多數的牌都有特定的正面或負面含意，但我的立場還是認為，用整個牌陣綜合解釋時，每張牌都是中性的，你可以用自己的行為來選擇讓事情往正面或負面發展。過了幾個月後我又遇到當事人，她很高興地跟我說，恢復平常心一段時間後，兩個人果然自然而然就成為一對情侶了。

牌陣解讀——【實例2】

「時間之流」牌陣II

【實占前叮嚀】

有時候一個簡單的牌陣就能讀出很多訊息，在下面這個案例中，我要介紹的是運用「時間之流」這麼一個最基本且簡單的牌陣，從「過去、現在、未來」這三個位置看出在沒有人爲意識的刻意干涉下，事情的能量會往什麼樣的方向發展。

這個案例就是直接針對問題，提出強力且完整的建議，所以我不使用含有「建議牌」的聖三角牌陣（見240頁），而是採用「時間之流」牌陣，但是把三個時間形態全部轉換成建議牌來解；當然必要時，也可以使用大十字牌陣（見252頁），我一向覺得大十字牌陣是時間之流的加強版。

另外，在這個案例中，抽出來的牌是經常被我笑稱是「講白話文的牌」，看起來含意非常簡單，但是解牌不能被表面騙過去。我剛開始玩塔羅牌時，遇到這麼清楚的牌面呈

時間之流

現，會覺得三言兩語就可以講完，不曉得還能講些什麼，但是只要比對完元素，你自然就會知道需要加強的部分是什麼了。

問題

我該如何改善桃花運不好的狀況？

【抽出的牌陣】（不分正逆位）

- 「過去」位置：錢幣四（土）
- 「現在」位置：太陽牌（火）
- 「未來」位置：魔術師牌（風）

這次來找我的個案，是一位雖然不是年輕美眉，但我還是覺得她長得挺漂亮的女性，而且依我的目測，這一型的女人應該很受男性青睞，因爲她除了五官好看，身上也有一種嫻靜及和善的特質，不會給男人帶來太大的壓力或預期會挫敗的感覺。所以當我聽到她的困擾是桃花不多時，當下就覺得有點訝異。

本來抽牌應該就可以很清楚瞭解她的問題，不過這位小姐一開始就很乾脆地說出了她的困擾：「我的心態太壓抑了，其實常有男生接近我，但我一緊張，就算很想答應對方邀約，也會不自覺地擺出一副冷冷的樣子拒絕對方。我明明很喜歡對方，也很想跟他一起出去，但是一碰到對方示好，我就會緊張到講出不該講的話。」

原來如此，這樣確實很麻煩，這種狀況比完全沒有桃花運還要讓人懊惱。我就請她依「時間之流」的格式抽一副牌，但我心裡對牌陣另有設定：這三張牌，除了要從第一張「過去」的位置，看出「問題成因」之外，「現在」及「未來」的兩張牌，都要顯示出對這個狀況的建議，不管是心態或行爲都可以（在我的經驗中，占卜師不需要受限於牌陣。牌陣不是一個硬性規定，只是有一個明確的位置，好讓我們這些占卜者「方便使用」而已，所以可以按照你的需求來調整牌陣的用法）。

抽出來的牌是：「過去」（成因）——錢幣四，「現在」（建議）——太陽，「未來」（進一步建議）——魔術師。依序是土元素、火元素、風元素，獨缺水元素。

過去位置出現錢幣四這張牌，也就是她桃花運爲何不如預期的主要原因。如果她一開始沒有明白說出她的困擾，從這張牌來看，我們大概也猜得出來其中原因。土元素加上數字4，封閉的性質非常強，所以理所當然有她說的「遇到追求者不知道該如何反應、因爲害羞而拒人於千里之外，所以被認爲是高傲冷漠」等特質。不過一般來說，錢幣四只是自閉而已，頂多讓人覺得難以溝通，爲什麼我在這裡會解釋爲高傲冷漠呢？因爲整個牌陣中沒有水元素，水元素一般是讓一個女孩變得溫柔、可親、好接近的性質，封閉的錢幣四再抽掉水元素的柔軟性質，就會變得僵硬，缺乏女性該有的嬌柔。

錢幣四保護自己的心態太過強烈，自己沒有把握的事情會連一丁點都不願嘗試，所以要把所有可能是危機的東西統統擋在自己的安全範圍之外；只是我們通常在避掉危機的同時，往往也同時錯過了轉機。

我當然不能把她剛剛告訴我的話原封不動地再跟她說一遍，所以我們得要找找，錢幣四除了行動上的排拒，從她個人本身來看還有些什麼問題。錢幣四雖然環境穩定，格局卻很狹窄，所以我跟她說：「妳的生活圈不大，認識的人就那麼一些，其他的社交活動妳要不是參與得不多，就是有社交活動，但其中的單身男性很少，等於妳整個機會都被限制住了。」她表示她有參加一些才藝性課程，但班上確實都是年紀較大的伯伯及女性居多。

接下來的兩張牌都是建議，既然已經知道了她桃花運方面的問題所在，太陽牌及魔術師牌照理說來就很明顯了：太陽牌活潑、耀眼，一般照字面解釋，就是要她多多外出、多多打扮，而且要表現得開朗；魔術師牌的社交能力本來就很強，這張牌也就是多多交朋友，與人互動、交流的意思。這樣解釋，一切看來都合情合理，但問題是，這樣的建議就算隨便攔下一個路人，聽完她的困擾也能給她相同的建議。因此我們必須來看看，太陽牌及魔術師牌的性質若放在個案身上，要發揮的效用是什麼。

這位小姐一旦發現有男士注意她時，就會變得很不自在，所以表現出跟自己內心所想的完全相反的行為，其實這就代表她本來就是個容易神經緊張的人。這麼說來，雖然她的建議牌是太陽，但太陽引人注目及自我表現的這些性質就要排除掉了，必須取太陽牌中純眞無邪、心無雜念的特質，而太陽牌的專注性可以拿來做這樣的解釋：她必須對某樣事物有一種投入的心態。三張牌依序是土↓火↓風，表示要從土的緊繃，進步到火的專注及採取行動，但不代表她要過度討好男人或是裝模作樣。因為火元素接下來是風元素，表示她投入在某樣事情上是必要的過程，但是風是擴張自己的社交範圍、多多認識，不用執著於「一定要得到」的心態，而且太陽牌跟魔術師牌都是完全開放自己的心胸，沒有太多暗藏的心思、也沒有太多預設立場；加上三張牌中完全沒有水元素，我得出的結論就是：她所要專注的是經營自己的生活，而不是經營自己的感情生活。

於是我對她說：「我建議妳再去找一些課程或講座，妳身邊的人應該會跟妳說，要招來桃花的最好方法就是去單身男性多的地方；但是我認為對妳來說，這不是一個好建議。」她很訝異地問為什麼？我說：「因為妳是一個發現到別人注意自己，就會無法自然表現的人，就算男人一開始被妳表現出來的樣子所吸引，相處久了也會因為瞭解而分開。為了破除妳的心理障礙，我覺得最好的方法就是：讓妳不要意識到男人的存在。」

她似乎有點聽懂了。我進一步解釋：「如果讓妳意識到：這裡單身男人很多。妳就會把心思放在有沒有人會來跟妳搭訕，或是現場有沒有哪個人的條件不錯之類的。這個時候妳又會戴上面具，然後同樣的情形就會反覆發生。妳要知道，妳並不是眞的沒有追求者，而是妳面對的心態與做法使得這些緣分都沒有下文，所以妳應該要做的不是去認識更多男人，而是怎麼跟妳自己喜歡的追求者相處，進而把他留下來。」她很沉痛地說：「對！問題眞的在這裡。」我接著說：「所以妳接下來要找的活動及場合，必須是自己眞的非常有興趣的事物，這時妳會完全被這樣東西迷住，會眞正投入，那時才會表現出妳內心眞實的那一面，而這往往也是最吸引人的。另一方面，妳的注意力被占據，就不會去意識到男人的存在，如果有追求者靠近或找機會跟妳相處，妳受到的衝擊就沒那麼大，甚至可能一時之間還不會發現，這樣就可以解決妳先前過度緊張的問題了。再說感情經由相處來培養，會比男人對妳的驚豔及獻殷勤來得穩定且可靠。」因爲太陽牌及魔術師牌除了積極與開拓外，兩者也都沒有太多複雜的心眼和煩惱。

通常我們做出的建議適不適合個案，每個人心裡都會有直覺，如果你講的話眞的打到了要害，從個案臉上的表情可以很明顯看得出來。當時那位小姐臉上的表情頓時放鬆了下來，眼神開始透著光彩。因此我樂觀地預見，她接下來面對感情運的心態應該會變得更沒有負擔，也會更容易讓緣分流動了。

【時間之流】牌陣特別篇

同樣的位置，同樣的惡魔牌，解讀卻不一樣

很多初學者最大的疑問是：「一張牌的牌義有那麼多，關鍵字也不見得都是相同的意思，那麼我到底該怎麼正確選擇其中一個？」因爲沒有一個依循標準，很多人就依賴所謂的「直覺」。但我認爲精準的直覺，還是必須有學理及邏輯基礎，才有足夠的判斷力來分辨腦中冒出的想法到底是直覺？還是亂猜？倘若能夠掌握四大元素的相生相剋，就可以更精確地定義每張牌的牌義是在哪一點，那麼就會做出範圍更明確的取捨。

在這一篇中，我們要來談談惡魔牌的多重牌義：兩個「時間之流」的牌陣都有惡魔牌，而且還出現在同一個位置，但是因爲整副牌有不同的元素配置，因而凸顯出惡魔牌牌義中某個特定的含意。

惡魔牌本身是土元素，「惡魔」又象徵沉淪、感官及世俗的欲望，所以這張牌會有「受困在自己欲望中」的含意。欲望有很多種，控制欲、權力欲、占有欲、肉體欲望等等都包含在內，而且一旦陷入，就很難放手或看開，會被驅使著不斷糾纏下去。所以不只吸毒、犯罪的人像惡魔牌，太執著於世俗功名或工作成就感、或某些特定細節的人，也可以用惡魔牌來代表。

第一組牌

第一組牌是有個學生問他的念書狀況，用「時間之流」開出來的牌，因爲事隔久遠，第一張牌我忘了，只記得是一張水元素的牌，第二張「現在」是惡魔牌，第三張「結果」則是戀人牌。

我使用「時間之流」的習慣，一向是著重在「現在」位置的牌。在這組牌中是土元素的惡魔牌，有兩個方向：一個是沉溺，一個是執著。不過因爲加上前後比較偏向渙散性質的水元素及風元素，會分化土元素的自制力，並把惡魔牌的「沉淪、享樂」特質強調出來，所以我認爲惡魔牌在這裡是比較傾向沉溺與沒有作爲的那個方向。

因此我告訴他：「我覺得你雖然口頭上問功課，但是你的心思已經被其他東西占據了，可能是玩樂、跟朋友鬼混，也有可能是染上了什麼嗜好興趣，占據了你的心思。」接著我看看在「未來」位置的戀人牌，戀人牌雖然也代表有東西在吸引他，讓他無法專心，但畢竟是一張風元素牌，比起土元素的惡魔牌威力小多了，也比較容易脫身。因此我又說：「不過還好，我覺得這是一時的，因爲惡魔牌那種無法自制的糾葛，在『未來』變成了戀人牌，戀人牌雖然是一張有吸引力的牌，但糾葛的性質已經解開，變成有一定的距離。所以我猜你現在的興趣或生活模式，其實沒有變成長期習慣，只是你目前正在興頭上；等再過一陣子，你就會開始覺得無聊，回復到正常的生活範圍內。」

這位同學很驚訝地說，他最近常跟一票朋友夜遊或聚會，都快玩瘋了，而且因為太high，幾乎每天都會玩在一塊喝點酒，上課跟念書的精神狀況就都被影響了。不過，這是因為他們最近有活動，所以才會每天混在一起，喝酒也沒到上癮地步，等活動辦完就正常了。尤其那時快要接近期中考，再過一、兩週，他不正常也不行了。

第二組牌

前方座位的女同學請我去看她翻出的一副牌，牌陣一樣是「時間之流」，一樣是問她的課業狀況。她抽到的是「過去」——皇帝牌，「現在」——惡魔牌，「未來」——塔牌。

惡魔是土元素，搭配的前後兩張牌都是火元素，火元素跟土元素的共同特質就是「固執、目標性強、不喜歡放棄、得失心強」，因此這張惡魔牌被火元素一加強，就會偏向壓制、執著、不肯放鬆的方向，加上皇帝的自尊意識過剩，經過惡魔的深化及折磨，最後看來會導致塔的崩潰及失衡。這不太妙。

我認真地跟她說：「妳是很難得的學生，對自己的要求比老師和學校對妳的要求還要高。我猜妳現在念的系所，不是妳擅長也不是妳的興趣所在，所以妳念得很吃力，但因為責任感的驅使以及面子問題，不允許妳自己沒有達到標準，念書方式根本就是在壓榨自己，整個豁出去的念法，說不定妳已經嚴重睡眠不足了。」然後我指指那張「塔牌」跟她說：「試著放鬆一下，要把原來不懂的東西念懂，不是短時間之內就可辦到的。妳只要每一次都比上一次進步，就表示妳正在順利地克服難題，如果一下子給自己太大壓力，就這張塔牌來看，我覺得妳受不了時，反而會崩潰而全盤放棄，那就是欲速則不達了。」

女同學睜大眼睛說：「對！眞的就是這樣。我以前功課一直不錯，所以現在遇到難消化的課程就會發慌，更加想要讀好，所以眞的是已經到了……就像妳說的『壓榨自己』的地步，當然也會睡不好。」

這兩張同樣都是惡魔牌，但是因爲元素分布不同，我們所取的解釋也就會不一樣。只要熟悉四大元素，就不用在取捨牌義方面「碰運氣」了。

牌陣解讀——【實例3】

「關係」牌陣

抽牌規則

心中先默念問題，洗牌，切牌一次，攤開，再一邊默念你的問題，一邊用**左手**抽出四張牌（方向跟順序不限），依照順序擺放到上圖所示的1、2、3、4位置。

適用何種問題

此牌陣適用於當事人想詢問自己與特定對象的狀況。除了愛情之外，只要是一段「關係」，都可用這個牌陣，例如親子、手足、同事、上司或部屬之間的關係，有時更可用此牌陣來占卜自己與寵物或某間公司的緣分為何。

「關係」牌陣的特色：

1 在代表「當事人」及「對方」的位置各放一張牌，可以看到雙方在當下所處的狀況、心態，透過兩個人的狀況比對，就可以知道彼此間的契合點或摩擦處在哪裡。

2 接著，由「現況」位置可看出兩個人在旁觀者眼中看起來的相處狀況爲何。

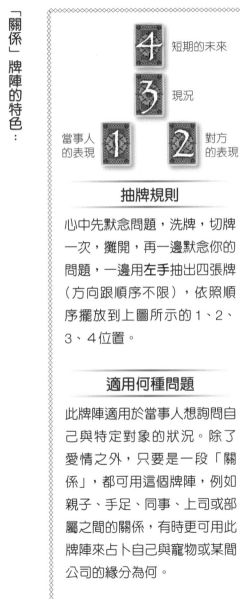

3 最後在「短期的未來」位置，將可看出兩個人下一步的相處狀況。如果有感情加深或爭吵等情形，也可以由這一張牌看出來。

【實占前叮嚀】

常常有很多人說：「宮廷牌好難解喔！」我看很多網友解牌往往在遇到宮廷牌時就詞窮，頂多只能解出「這張牌是個什麼樣的人」，要不是說你就是牌上代表的那個人，就是說你遇到跟這張牌同樣個性的人……其他就講不出什麼所以然了。這眞的是太可惜了，宮廷牌同樣也具有多面的牌義（一般人會覺得宮廷牌只能看出人格或人物類型，但事實上，宮廷牌也具有愛情或工作等運勢上的實用含意）。除了是個「什麼樣的人」之外，從牌面上也能透露出當事人的想法、作爲，以及事情的狀態和發展。所以，不要看到宮廷牌就慌了手腳，你只要往**「這張牌上的人物，以他的性格面對工作、愛情時，會創造出什麼樣的局面、適合什麼樣的環境？以及他對事情的反應如何、會做出什麼樣的決定？」**就可以從宮廷牌看出人格以外的狀況了。

有些人會因爲男性抽到女性宮廷牌，或者女性抽到男性宮廷牌，就不太知道要怎麼解讀及下定論。性別的本質搭上不同的牌，解讀出來的結果確實會有些出入，所以我提供下面這個案例來說明。

問題

我跟我女朋友的關係？

【抽出的牌陣】（不分正逆位）

- 「當事人」位置：寶劍皇后牌（風）
- 「對方」位置：女教皇牌（水）
- 「現況」位置：塔牌（火）
- 「短期的未來」位置：聖杯騎士牌（水）

有一次，某大學的學生輔導處辦了一次有關兩性觀的活動，當中有個爲期一週的單元，特別開放同學的人生疑問塔羅牌諮商，我當時擔任這個單元的諮商師。當中發生很多有趣的事，而且很妙的一點是，跟我們以往的認知不同，女生雖然來參加這個活動的諮商，但詢問重點大都放在學業及未來前途，反而會繞著感情問題打轉的都是男生……。

這天大約有五個男生，推推擠擠一起走進諮商室，接著一個一個地詢問自己的感情及人生選擇的方向。其中一位男同學從頭到尾就是一副「陪朋友來」的樣子，表現得興趣缺缺，但到了最後大家都問完時，大家開始一起慫恿這位同學「找個問題來問問」。

他看起來就是個很注重隱私又有點愛面子的孩子，想了半天，才說：「我沒有什麼問題耶！不然就問問我跟我女朋友的關係好了。」旁邊的同學馬上八卦地問：「你女朋友怎麼了嗎？」這個男生酷酷地說：「沒什麼，我就是找不到問題問嘛！」我馬上說：「沒關係，不一定要發生什麼事，單純用牌來看看現在的狀況，看看有什麼該提醒或該注意的事。」

因爲是問兩個人相處的狀況，所以我用了「關係牌陣」，主要有四張牌，這位同學抽出來的牌是：(1)「當事人」位置，也就是他自己——抽到寶劍皇后牌；(2)「對方」位置，代表他的女朋友——抽到女教皇牌；(3)「現況」位置，代表兩個人目前處在什麼樣的情境下——抽到塔牌；(4)「短期的未來」位置——抽到聖杯騎士牌。

看到「現況」的那張塔牌，我第一句話就說：「吵架了喔？還在冷戰嗎？人家應該也不主動理你了？」他的反應非常快，馬上很震驚地脫口而出：「妳怎麼知道的!?」身邊的同學先是震驚，然後開始揶揄他，還怪他有話不講。如果是一群女生，現在一定是圍上來關心問道：「怎麼了？妳還好嗎？要不要跟我談談？」之類的，男女的世界，果然不管在哪個年齡層都不一樣啊！

只要是學過塔羅牌稍懂牌義的人，看到這張塔牌，就一定會知道這是陷入爭執或情緒化的狀態。加上這張牌又是火元素，代表事態嚴重；既然是火元素牌，那我又爲什麼會解讀爲「冷戰」呢？我們回過頭來看牌，兩位當事者的牌，一個是風中之水的寶劍皇后，另一個是水元素的女教皇，兩邊都沒有象徵暴力或激動情緒的火元素。

寶劍皇后牌雖然是風元素，按理說應該要有溝通的動作，但這張牌卻是風中之水，不講話就算了，一旦講話，因爲內在的水元素作祟，也沒有辦法把意見表達得很精確，反而容易講出不該講的話激怒對方。如果是女孩子抽到這張牌，會把心裡的想法用情緒性（水）的言詞（風）表達出來，我們可以解讀爲言尖嘴利，或是容易演變爲言語攻擊。但因爲他是男孩子，本身是火元素的性別，所以風元素加水元素會削弱他的男性特質，讓他顯得被動而不積極，又顧慮太多（風跟水元素都很愛演內心戲），爲了自保，他會選擇先觀察狀況。

兩個人只在心裡想著，沒有把話講出來。女教皇的外表疏離，寶劍皇后則採取冷眼旁觀的態度，就會讓這張塔牌的情緒及激烈度隱藏起來，不會呈現在外，因此我才會判斷是「冷戰」。

一個男生採取的態度卻是寶劍皇后牌，這讓我非常不能諒解，我皺著眉頭跟他說：「你這樣不好吧？有話就要講清楚，就算不去求饒，最起碼也要表現出一副你很想解決事情的樣子！你現在所用的方式就是不管她，想說又不全是你的錯，反正她在氣頭上，講什麼話都沒用，反而讓她有機會罵你，不如你先做自己的事，等過陣子她氣消了，你再去找她會比較安全。這樣有點沒擔當喔！」他這次沒問我：「妳怎麼知道？」而是很快反射性地回答：「不然要怎麼辦？女生就是這樣。只能讓她自己冷靜一下！」此話一出，旁邊的男同學自然是一陣撻伐，每個人拿著自己的「愛情經」爭相要教育他。我覺得他心裡其實是很煩惱的（寶劍皇后內在的水元素），只是愛逞強（寶劍皇后外在的風元素），的確很需要別人跟他談談，發洩一下他的不安。那就由他們同學自己去輔導了，我要講的話可以只放在結論及重點上。

「寶劍皇后牌」在很多書中都被稱爲鐵娘子，雖然外表看起來是沒錯，但本質上我並不完全同意。寶劍皇后的外表是風元素，所以表現得一副冷靜、自制、高傲，凡事都不爲所動的樣子，但是它的內在畢竟還是水元素，所以我們可以知道情緒的起伏還是非常大的，而且容易受困在自己的情緒中，只是外表會武裝得很堅強。

這張牌的兩個元素——風與水，都是很消極的。女孩子的本質是水元素，抽到這張牌，陽性的風元素還可以提供她一點想溝通及思考的動力，雖然不會太積極，但她至少會去想些辦法。反之，男生若抽到這張牌，由於男生的本質是火元素，就會被風及水元素分散他的決心與主動性；這表示他內心雖然忐忑不安，但沒辦法鼓足勇氣去正面處理狀況，消極的程度會大於女生，可能連思考都不願意，直接會採取一種逃避的態度，假裝什麼事都沒發生，希望事情可以隨著時間化爲無形……。

此時我不是以占卜老師的身分，而是以女性身分來看，這種男生最讓人火大了！不過他的下場會需要我擔心嗎？也不盡然，因爲年輕人談感情，心理的衝動還是會壓過理性分析的。我想他的女朋友雖然對他的表現很不滿意，到了最後還是會給他台階下。「短期的未來」抽到的是聖杯騎士，元素性質是水中之火，這兩個元素都是感性元素（相對來說，風跟土元素都是理性元素），代表再多的考量及觀察也敵不過荷爾蒙的作用，兩人還是會找到一個破冰點，然後積壓的情感（男女雙方的代表牌，都有水元素的成分，雖然不外顯，但還是存在）流露出來，說不定還有小別勝新婚的味道，畢竟聖杯騎士的感情屬性就是很甜蜜幸福的，但由於缺少理性元素的加持，因此我們可以說這個時候感情的衝動壓過了問題本身，但並不代表問題完全解決了，也不代表下一次不會再爆發更大的爭吵。

再進一步來看，整副牌中唯一完全沒出現的就是土元素，土元素象徵一段感情的持久及平靜，還有互相習慣的生活。如果完全沒有土元素，我想他們的感情應該會風風雨雨，要歷經多次考驗，至於能不能長久就要看他們如何解決問題了。如果是跟我一樣年紀的熟男熟女，我會很誠懇地引導他們發問，看是否能夠找出問題的癥結點，好讓感情能持續下去。不過，因為他們還是年輕學生，講到「永遠」實在是太沉重了。缺乏土元素，對於成年人來講是動盪不安，但對年輕人來說，不定性不定型是非常正常的，而且是一種不可或缺的學習過程。感情的可貴並不一定在長久，有時只在於過程中能讓你成長及學習到多少。

既然整副牌看起來，在短期內都是往好的方向走（雖然持續性不太夠，但是對他們來說，這又很正常），那麼我只要做出我的結論及提出一些簡單建議即可，不用費太多心去「解決其實並不算問題的問題」。這個戀愛煩惱的「過程」就留給他跟他的同學去鍛鍊「解決問題的能力」，以及「輔導朋友的分析能力」囉！

牌陣解讀——【實例4】

「聖三角」牌陣I

抽牌規則

心中先默念問題，洗牌，切牌一次，攤開，再一邊默念你的問題，一邊用左手抽出三張牌（方向跟順序不限），依照順序擺放到上圖所示的1、2、3位置。

適用何種問題

「聖三角」牌陣是一個萬用牌陣，幾乎什麼事情都可以透過此牌陣來找到因應方式。

「聖三角」牌陣的特色：

1 從「現況」位置，可以看出當事人處於什麼樣的環境或情境之下。

2 從「問題」位置，可以看出整件事不順利的地方，或是如果「現況」位置表示非常順利，那麼在「問題」位置就可以看出整件事情的隱憂，或是應該注意哪些地方。

3 從「建議」位置，通常要搭配「問題」來看，「建議」位置是建議當事人應該採取什麼樣的行動或心態，來應對整個局面。

【實占前叮嚀】

占卜者常常會煩惱「『建議』的位置出現一張不好的牌」，或是「象徵缺點的『問題』位置出現一張很好的牌」，那該怎麼解釋？很多人就把「問題」點出現的好牌，直接當成建議來解；但這樣是不對的，尤其如果在牌陣中，本來就另有一張「建議」的牌，你就得要祈禱兩張牌不會彼此矛盾。就我個人習慣，每張牌都是中性的，正面負面的意思都有，就像好人也有可能惹人厭，壞人也有愛他的人一樣；一張牌在什麼位置就是什麼位置！不宜隨意變換它所象徵的意義。

問題

感情的事？（當問題不明確時，如何推論狀況）

【抽出的牌陣】（不分正逆位）

- 「現況」位置：倒吊人牌（水）
- 「問題」位置：聖杯六（水）
- 「建議」位置：戀人牌（風）

這是一次團體塔羅活動的諮商案例。當時有個年輕女孩悶悶不樂地說，她想要問感情的事。依我一向的習慣，會要求提問者一定要把問題講得很明確，例如問「與特定對象感情的發展？」或「想問三個月內的桃花運？」，或「單純的感情運勢起伏？」等等，因為提問的問題稍有偏差，解讀方向可能就會有很大的不同。

但因為那天的場面比較混亂，我忘記界定得很清楚，沒有依原先習慣先聽問卜者的問題，再幫他（她）集中發問的重點，就直接請她抽牌了。幸好當天抽的是萬用型的「聖三角」牌陣，基本上可以直接從牌上推測她現在處於什麼狀況之下。

第一張「現況」抽到倒吊人牌，第二張「問題」抽到聖杯六，第三張「建議」抽到戀人牌。乍看之下，除了倒吊人牌比較有氣無力外，沒有什麼不好的牌，但重點是三張牌中就有兩張是水元素（倒吊人、聖杯六），以及一張風元素牌（戀人牌）。風元素和水元素都是比較消極的元素，缺乏火元素及土元素的執行力，所以首先浮上我腦海的話就是「這是一段沒有確定性也不穩定的關係」。雖然沒有什麼壞牌，但感情方面也沒什麼著落；兩張水元素牌，象徵現在是有個感情可以交流的對象，但是缺乏火元素的熱情，也缺乏土元素的確定，所以我問這個女孩：「妳想問跟某個曖昧對象的關係，對吧？」（因為突破不了也定不下來）她很凝重地說：「對。」

「現況」位置的倒吊人牌，代表她現在對這段感情是沒有主導權的，倒吊人牌通常象徵你受困在某種情境中，沒有辦法憑著自己的力量去改變外界狀況。但是倒吊人牌的受困，是一種消極及使不上力的情境，就因爲「沒有具體的困難與阻礙存在」，似乎做什麼都沒用，沒有一個施力點，因此感覺使不上力，心情很無奈。倒吊人牌的本質就只是讓你「無法有作爲」，卻「不會出現事件及挑戰」，一場看不到敵人的仗，本來就會打得特別辛苦。

「問題」位置的聖杯六，雖然溫馨愉悅，但這也是一張沒有什麼作爲的牌。聖杯六代表相處的感覺很熟悉，也代表是一段維持良好、可以持續的關係。這時旁邊的同學覺得：「那就是你們要慢慢相處，培養出長久的關係。」我說：「不是這樣的。如果聖杯六出現在『建議』的位置，我會同意你的說法；但是不能因爲一個不利的位置出現好牌，就直接把這張好牌當成答案。聖杯六出現在『問題』位置，就表示這張牌本身的性質是個問題，不管再好的牌，都有它本身的問題存在。」

我看看前一張的倒吊人牌，對女孩說：「你們的相處，基本上應該就是有實無名，每天關心對方、朝夕相處、出雙入對，但對方就是沒有開口跟妳說要定下來，對不對？」她點點頭，我繼續說：「這張倒吊人牌就表示，你們可以做的都做了，但就是在心態上或在實質定義上沒辦法突破，也沒有辦法決定這段關係的走向。問題位置的聖杯六，代表熟悉及親近，其實我覺得就是象徵你們現在這種親密的關係，但這個關係同時也是個麻煩，因爲太熟悉，所以一切都理所當然，你們找不到時機也找不到切入點，去談更進一步的關係，因爲過程太順理成章了，但兩個人的心態又都比較保護自己，所以變成沒有人要主動去『定義』這一段關係。兩張牌都是水元素，所以就這樣拖下去了。」她這時總算有精神一點了，連忙說：「對對對，就是這樣，一直拖著，但其實我們的相處，已經跟男女朋友，甚至跟老夫老妻一樣了，但就是缺乏『熱戀』的過程，也缺乏『承諾』這個分水嶺。」

知道問題點後，接下來的「建議」牌就是大家最關心的了。「建議」位置出現的戀人牌，乍看之下很簡單，大家七嘴八舌地說：「戀人耶！叫妳多多培養跟他之間的心靈交流！」「戀人牌應該是指要培養共同的興趣，有更多相處的機會！」基本上如果是單張牌的話，同學們這些聯想確實沒有錯。不過這副牌陣的三張牌中，「現況」與「問題」位置抽到的都是水元素牌，水元素雖然是感情牌陣中非常重要的元素，但是如果是戀愛的話，就需要火元素來激發熱情及突破；如果是長久穩定型的，如婚姻或愛情長跑，就需要土元素來維持穩定性。但兩張牌都是水元素，代表感情是有的，但是水元素本來就是界線模糊、沒有形狀的元素，所以這段感情目前還定位不明、難以釐清。

在一段「已經變成習慣性」的關係中，越拖會越有氣無力，越不知道怎麼走下去，因爲沒有火元素及土元素（兩者都是積極型元素）的推動，感情很難維持溫度，也很難往前進展，很有可能不了了之，或是得不到任何承諾，直到其中某一方先找到新對象爲止。

所以在「建議」位置這張風元素的戀人牌，反而是叫他們的距離要拉遠一點，因爲比起水元素的黏膩及分不清彼此，風元素的交流是帶點距離的，而且具有友善與交換資訊的意味。戀人牌不管是在哪副牌中，牌圖上都具有「異性相吸、兩極互補」的性質，代表兩者必須是完全不同性質的人（事物），才能產生相對的吸引力。對照起水元素整天混在一起的感覺，風元素反而是叫他們各過各的生活，去尋找屬於自己的社交圈及嗜好，這樣才有新資訊可以與對方交流，也才能帶給對方新的驚喜及成長，才能活化這段關係，也才有繼續往上成長的空間。要跳脫習慣性的模式，也只有陽性元素的前進性及創造力才能辦到了。

我告訴她這個解讀時，她居然沒有反駁，很乾脆就認同了。她說身邊的親友也覺得她實在把太多時間花在這個男人身上，太沒有自己的生活了，所以她也在想，如果這次占卜的答案是短期內還沒有進一步結果，那麼爲了尊嚴也爲了自己的人生，她確實是需要適時地抽離這段關係了。

同樣的幾張牌，出現順序不同——例如說火跟水兩個元素，從水變到火或從火變到水這兩個不同順序，會讓牌義跟著起變化，所以除了注意一副牌中元素分布的數量外，從元素之間的排列順序也能看出整件事情的起承轉合。

牌陣解讀——【實例5】

「聖三角」牌陣II

【實占前叮嚀】

再怎麼逆位，還是同一張牌，所以不會有完全顛倒或相反的意思，有些時候在一副牌中，同樣的元素重複出現很多次，這時如果出現逆位牌，不妨就當作是牌面上顯示出來狀況的一點小小阻礙、拖延，或是問題的癥結點，不用把逆位牌解釋成太過負面的意思。有時逆位牌也可以算是一個解決問題的線索，讓你知道應該從哪個角度切入。

另外，以下這則個案，對於「在『問題』位置出現好牌的話要怎麼解？」這種常見的問題，也提供我一些看法。很多占卜者在「問題」位置（象徵整個情況中的阻礙或缺點）出現好牌，就會不知如何從中看出問題點，因爲「這張牌看起來明明就沒有什麼缺點」，如果你也有這樣的困擾，可以參考本則個案。

聖三角

問題

我跟男友的相處狀況如何？

【抽出的牌陣】（不分正逆位）

- 「現況」位置：權杖四——逆位（火）
- 「問題」位置：太陽牌（火）
- 「建議」位置：權杖三（火）

這是在一次解牌課堂上出現的個案，我請同學現場想出一個自己要問的事件，再用聖三角牌陣來解讀。這位女同學提出的問題不算太細，她只問跟現在男友的交往狀況。在我的課堂上，為了訓練學員從牌面上讀出任何可能的細節，我通常不會詢問過多，以免產生既定印象，導致每位同學無法順從自己的直覺及角度。因此除了這個簡單的問題之外，她沒有再做任何補充說明。

這副牌挺有趣的地方，在於三張牌都是火元素。火元素象徵熱情、決定，以及往前進的決心，對一段正在進行中的戀情來說，代表雙方對於這段感情都抱有高度的期待，認為感情就是要持續不斷加溫，而且火元素帶有很強的目標性及企圖心，因此可以知道雙方都很「希望」這段感情可以開花結果。但從我們對感情的認知來看，要修成正果，光靠熱烈的火元素是不夠的。

水元素在一段感情的關係中，可以發揮潤滑及交流作用，也就是說，如果火元素是熱烈的激情，水元素就是緩緩交流的愛意，還有兩個人願意爲了對方互相磨合的心意。水元素除了互相喜愛之外，還帶有依靠、瞭解、體貼等等比較情感性質的部分。情侶間的關係一旦少了水元素，就很難「沉浸」在感情中，等到火元素的熱情消耗完畢後，兩人間的爭吵會越來越多，缺少互相遷就及退讓的意願。

土元素雖然不是濃情蜜意，有時可能甚至還會形成阻礙，但土元素代表的「穩定」是感情要牢固長久不可或缺的基本性質。它在一段情感關係中，象徵的是比較類似親情、傳統、責任的部分，少了土元素的感情關係，通常不會持續太久。

風元素對於男女的感情關係，並沒有很直接的相關性。風元素在友誼、資訊交流、知性對話部分有幫助，但交換的不是愛意，而是意見。話雖如此，如果一副牌當中出現一小部分的風元素牌（感情牌陣最好不要以風元素爲主），也代表兩個人的溝通管道是暢通的，彼此想法可以配合。如果感情牌陣中缺乏風元素，影響不會太大，但是就像本篇案例一樣，火元素過多的牌陣若沒有風元素，代表兩個人根本沒有理性分析過未來，大都是憑著一頭熱及一股信念横衝直撞。

學生常常會跟我說，一副牌如果全都是同一個元素，他們就會覺得乏善可陳，只能就同一個元素不斷強調。我說不是這樣的，如果清一色是同一個元素，你們就應該想到，意味著這副牌少了其他三個元素，就可以從這副牌當中「缺了什麼」的角度來切入。

這段關係的「現況」位置是權杖四逆位，權杖四是一張非常好的牌，不管在感情或工作上，都有一種穩定中求發展的意味，既有扎實的基礎，又有向上發展的寬廣空間。感情牌陣中出現權杖四，數字4通常代表兩個人已經都覺得這段關係非常穩定，也對彼此很信任，而火元素就是兩個人還有更積極的意圖，所以從權杖四這張牌可以看出兩個人已經考慮要做出承諾了。雖然是逆位，但是三張牌都是火元素，所以這個逆位沒有辦法影響到兩個人的決心，但是可能會造成一種「遲疑」或「不知道該如何前進」這種技術上的問題。這時我問當事人（女方），她很高興地說沒錯，他們兩個人是希望以結婚為前提來經營這段感情。

這時有位同學跳過「問題」位置的太陽牌（太陽牌號稱是偉特牌七十八張牌中最光明美好的一張牌，出現在「問題」這個象徵阻礙的位置上，她沒有把握解讀），直接解讀的是「建議」位置的權杖三，她說權杖三是權杖四的上一張牌，所以權杖四代表當事人雖然希望這段關係能穩定發展下去，但逆位卻顯示了這個目標還有一些困難度，象徵友情及同心協力的權杖三，也許是建議他們退一步，再多多培養共同的興趣與嗜好，打下更好的基礎。

我聽了很高興，因為數字間的關聯，的確是我常用的解牌技巧，權杖四的光明前途遇上逆位，就代表存在著一些小小的陰影，這個陰影是什麼呢？當然就要從象徵「問題」點的太陽牌來看了。

但是在這張牌上面，全班幾乎都提不出比較具體的解釋。不過既然太陽牌很完美、順利，我們就應該來看看「完美與順利會帶來什麼問題」，千萬要避免常見的謬誤，就是「我看不太出來太陽牌有什麼問題，所以建議你要像這張太陽牌一樣，凡事從正面思考」這種說法，因爲問題點就是問題點，絕對不會因爲在這個位置出現了好牌，就認爲可以把它拿來當成建議用。如果這張牌是爲了要給你建議而出現，那麼它就應該出現在「建議」這個位置上。

太陽牌是一張光明、順遂的牌，帶有天眞單純的意味。塔羅牌中雖然有很多牌可以代表成功勝利，但太陽牌卻是遇到的阻礙最少的。火元素有一種直接、快速的意味，天眞單純又總是會吸引很多助力，所以過程中通常不會遭遇太多波折；乍看之下一切都很好，但是沒有經歷過風雨或霜害的稻穗，看起來雖然茂盛，卻往往是空心的。因此我們可以斷言，這張太陽牌代表他們這段感情在太過理所當然、沒有阻力之下，雖然發展得很順利，卻缺乏足夠的「珍貴感」，這也就是爲什麼土元素跟水元素牌都沒有出現的原因。

我對當事人說：「你們的感情基本上沒有太多猜測及互相折磨的劇情，兩個人都很明確知道自己要的是什麼，也進展得很快。然而就是因爲太順利了，所以會讓妳覺得少了些什麼，要知道，不管友誼或愛情，如果有革命情感，兩人攜手共同面對一些難關，會加深兩個人是命運共同體的感覺，缺少困境的愛情很像用文火煮水，永遠停留在要沸不沸之間。」

我再補充說明：「而且因爲太陽牌太光明太美好了，沒有任何值得妳去解決的問題，一般來說，如果我們覺得雙方的感情不夠深，最簡單的做法就是把阻礙這段感情的問題解決，那麼感情就可以進一步加溫，但是你們的麻煩在於沒有任何問題要解決，所以感情雖然很好，卻一直在原地踏步，找不到加溫方式。」

這時當事人笑得很開心地表示，她的感情狀況確實就跟牌面顯示的一模一樣。他們兩人交往得很好，沒有什麼問題，也都有未來要結婚的共識，但她總覺得好像缺少了那麼一點點，跟她認知中愛情必須要有的強烈、浪漫似乎不太一樣，總是沒辦法讓自己的情感到達那種最熱切的地步，她又一直不知道問題出在哪裡，甚至也不知道到底算不算有問題，所以才開牌來看看狀況。分析完之後，她認爲這副牌確實反映出她的心態及所遭遇到的情境。

把前兩張牌的狀況釐清之後，「建議」位置的權杖三就非常簡單了。權杖三代表的就是這一對情侶中最缺乏的「革命情感」，當然我們不用刻意去給自己找麻煩來培養革命情感，只需要創造出一些需要「共同面對、共同學習、共同克服」的情境就夠了。所以我建議他們可以一起去攀岩、學社交舞，或是做一次高空彈跳之類的。因爲他們需要共同去體驗的事情必須要帶有一點困難度，只要同心克服了幾件事，兩個人身爲「共同體」及「依靠對方」的感受就會更加強烈。如此一來，才能再進一步到達權杖四正位所代表的局面（也可以說，因爲權杖三的部分沒有完成，「現況」位置的權杖四才會是逆位的）。

牌陣解讀——【實例6】

「大十字」牌陣 I

抽牌規則

心中先默念問題，洗牌，切牌一次，攤開，再一邊默念你的問題，一邊用**左手**抽出五張牌（方向跟順序不限），依照順序擺放到上圖所示的 1、2、3、4、5 的位置。

適用何種問題

對當事人的內心狀態可以有進一步瞭解，並分析出通往「結果」的中間過程會是什麼樣的狀況。適合在想要推敲一件事情的細節時使用。

「大十字」牌陣的特色：

1 從「過去」位置，可以看到整件事的成因，或者是觀察此位置與現在的反差，就可以推論出過程。

2 從「現在」位置，可以看出當事人目前的處境，以及本身的心態。

3從「預期」位置，可以看出當事人對整件事的心態，是傾向樂觀或悲觀，也可以讀出他對自我的評價。

4從「實際狀況」位置，可以看到當事人目前所面臨的環境與事件，以及其他的助力或阻力，搭配「預期」位置看，可以得到更多細節。

5從「結果」位置，可以看出這件事的「階段性結論」，以及最後出現的狀況是否符合當事人的期待。

【實占前叮嚀】

現在我們要介紹的是五張牌的大十字牌陣，很多人使用大十字牌陣時，會有只看最後一張牌的習慣，也就是把焦點集中在「結果」位置。經常有學生打電話來問：「老師，我抽了一副大十字牌，『結果』的位置是XX牌，這代表什麼意思？」

我的回答是：「我不知道，沒有前四張牌，光讓我知道第五張也沒有意義。」（題外話，我通常不愛回答這種問題，如果是思考過後在哪裡卡住，我會很樂意回答，否則凡事不經思考就打電話問別人，那又何必學塔羅牌呢？多思考多咀嚼，才是累積內在經驗的不二法門。）

本文例子是五張牌中有四張土元素，在「結果」的位置同樣是一張土元素牌，卻出現了逆位。這副牌的元素同質性太高，最後的逆位反而造成了一種顛覆性，讓狀況往另一個方向解讀。

問題？

我跟前女友有辦法復合嗎？

【抽出的牌陣】（有分正逆位）

- 「過去」位置：世界牌（土）
- 「現在」位置：錢幣六（土）
- 「預期」位置：聖杯六（水）
- 「實際狀況／環境」位置；錢幣七（土）
- 「結果」位置：錢幣四——逆位（土）

有個男學生打電話來，很困擾地跟我聊了一下他的感情狀況，大概是說他對分手數個月的前女友還是放不下，總覺得兩個人不該結束得這麼草率，如果再努力看看，說不定還是有互相配合的空間……講到最後，他無精打采地說：「我剛剛抽了一副大十字牌陣，最後一張牌是錢幣四逆位，唉……我去翻了書，書上說如果是針對復合的問題，這張牌的意思應該是復合無望了。」

我聽了很感興趣，的確，如果就單張牌的解法來看，書上的答案可以說是正確的。在我的理解中，錢幣四這張牌本來就不利於兩性關係，雖然就錢幣四的結構來看，可以有雙重解釋：土元素既象徵不善交流，又象徵基礎穩定或長時間像家人般的感情，而數字4本身跟土元素的性質有諸多重疊，所以錢幣四你可以說它很沉悶，卻也很穩定，可以說它缺乏溝通，但也可以說它是一段不容外人破壞的關係。總之，這是一張傳統道德性、家庭觀念很強的牌，但缺乏了柔軟的性質及感情交流，雖然是一段穩定可靠、互相依賴的關係，卻少了心靈上的共識及愉悅感。

如果他問的是一般夫妻關係，或是交往已久的穩定感情，錢幣四不管正位或逆位，都還是一段可以持續的關係，但是關係的品質好壞就不一定了。反之，如果是說要「復合」，那就表示他們現在並沒有處在一段確定的關係當中，這時錢幣四的難以溝通及僵化，就會形成很大的阻礙，加上逆位會破壞錢幣四的完整性，所以問感情復合，錢幣四逆位是很不利的。

不過既然都出現了五張牌，我就叫他把前四張也說來聽聽。當他把完整的牌陣都說出來後，我在其中卻發現到有點轉折意味了。這五張牌依序是：(1)過去——世界牌；(2)現在——錢幣六；(3)預期——聖杯六；(4)實際狀況——錢幣七；(5)結果——錢幣四逆位。五張牌當中居然出現了四張土元素，而且這副牌中沒有任何陽性元素。

我先跟他解釋前面的牌，「過去」位置是世界牌，代表完整、扎實的感情，在兩性關係中，我的解釋是像家人、像習慣一樣的感情，這種感情的建立會花上很長久時間，因爲世界牌的累積是緩慢、謹慎的，要透過不斷的觀察與考驗才能累積到下一步。所以由此可知，他們兩個人過去的這段感情，不是因爲激情或衝動才交往的，而是慢慢熟悉、契合，理性及適應的成分較多；同理可證，他們的分手也不會是一時的忿怒及衝動，一定是有什麼無法解決的問題。於是我問他：「你們分手時沒有撕破臉吧？」他說對，雙方都覺得彼此可能不適合，雖然還有感情，但分手還是會對兩個人比較好。

「現在」位置的錢幣六，以及「預期」位置的聖杯六，這兩張牌加起來就很有趣了。錢幣的土元素帶有熟悉的味道，而6這個數字又是一種和諧及平穩的感覺，我想他應該是在分手的這段期間也試著找一些約會對象，但是相處過後，也許發現這些新認識的對象比起前女友更不適合，前女友跟他的共同點更多，一比較之下，跟前女友之間的問題就好像沒那麼嚴重了。但是「預期」位置的聖杯六看起來卻有點危險，因爲在我的定義中，「預期」這個位置跟實際的狀況發展比較沒有關聯，它代表當事人的期待及預測，就是「我想如果復合之後，我們兩人之間應該會是這樣的狀況」這種臆測的想法，不代表事情眞的會這樣發展。此外，聖杯六是一張具有念舊、熟悉味道的牌，又是一張水元素牌，水元素有種美化、矇矓化的傾向，這代表他想念前女友，但大概已經忘記先前爭吵的問題及分手的原因，就算沒有忘記，也太天眞地一廂情願認爲一切都只是小問題。我總覺得，在兩性感情中，「搞不清楚狀況」的殺傷力往往會大於其他事情。

接下來「實際狀況」位置的錢幣七牌，則透露出如果兩個人復合必須面對的問題。錢幣七在數字排序上，剛好就是錢幣六的下一張牌，我說危險的意思是：錢幣六代表當事人想回到舊戀情中曾經有過的熟悉感，但就算回去了，日子也不可能永遠維持在這個階段，人生還是要往下走的。錢幣七是一張考量未來、詳細規畫的牌，而數字7是一個很努力想要更上一層樓的數字，所以代表就算這位男生現在的心態是：「其實仔細想想，我們兩個人的相處狀況也沒那麼差，很多事情都是可以克服的，或是忍一忍就過去了，實在沒有必要搞到分手。」如果眞的復合，就算他眞的覺得可以忍受舊有的毛病，但人生還是不斷會有新狀況出現，還是會不斷受到挑戰。

前面出現的大量土元素牌，都暗示復合之路會非常難走，加上沒有陽性元素，因此我問他：「就算你想復合，應該也沒有什麼切入點，土元素那麼強，唯一不同的元素也是個被動的水元素，基本上你們目前是完全沒有交集的。」他承認確實是這樣沒錯，而且他是個顧慮很多的人，要他先開口提復合或重新猛烈追求，可能都很難做到。這時他嘆了一口氣說：「這麼說來，我想復合是完全沒有指望囉？」我說：「那倒不盡然。」

癥結點同樣是在於土元素的性質。土元素象徵防禦、僵持，理論上來說，很難進一步變成水乳交融的關係，我會認爲他們兩個人應該沒有聯絡，也是從土元素看出來的。但是到了最後一張錢幣四逆位，情形就不同了，數字4的排序比6跟7還要前面，而且4的性質本來就跟土元素最接近，所以到了「結果」這張牌時，土元素的性質被強化到極致，這時卻變成逆位牌，有一種前面的土元素牌凝聚起來的防線，到了這一步卻被「打破了」的意味。

我告訴這個男生：「我認爲接下來可能有復合的機會，而且不見得一定要由你主動。」他聽了很高興，但我覺得不用高興得太早，因爲土元素仍舊掌控整個局面，復合歸復合，老問題與老毛病卻不會自動消失。看起來造成兩人當初分手的原因也不會解決；而促成復合的動力是因爲最後一張牌是土元素的逆位牌，有「打破僵局」的意味，但畢竟這個復合的動力並不是火元素，看起來就沒有前進成長的空間，加上錢幣七的規畫特質，到了最後變成一張逆位錢幣四，表示這個規畫及安排，沒有進一步的結果。所以我認爲這次就算可以復合，對他唯一的好處也只是幫助他進一步認清，他跟前女友是眞的不適合交往。

所以我很不好意思地跟他說：「我覺得這次復合，好像也不會撐太久耶！」他表現得很疑惑，但因爲事情還沒有攤在眼前，我覺得就不用猜測太多，只好安慰他如果這樣做能讓他放得下，也沒有什麼不好。

大約過了兩個月後，我們又聯絡上了。他跟我說：「那天我們抽完牌不到一星期，我前女友就打電話給我了。」我還來不及恭喜他，他又說：「可是這次的復合只維持了三天，後來起了一個小小的爭執，她就說她覺得我們其實還是沒辦法相處，就又不接我的電話了。」說完他嘆了一口氣。果然土元素的積習是很難改變的，如果沒有多一點的時間來累積推動，就很難讓局面有太大轉變了。

牌陣解讀——【實例7】

「大十字」牌陣II

【實占前叮嚀】

前面單張牌解析的聖杯二例子中（參見197～200頁），我曾提過對逆位牌的看法，我不反對分正逆位，但是在大部分情況下，其實元素比對就已經可以掌握一張牌是往正面或負面發展了。所以我就舉以下這個例子，說明在一般的情況下，只要你眞正瞭解每一張牌的全面牌義，那麼有沒有正逆位，對你來說影響就沒有這麼大了。因爲即使是逆位，但它還是同樣那張牌。所謂「全面性」的牌義，就包括了一張牌的正面及負面。

大十字

問題

我丈夫如果前往大陸發展，工作成果會如何？

【抽出的牌陣】（不分正逆位）

- 「過去」位置：錢幣騎士（土）
- 「現在」位置：寶劍九（風）
- 「預期」位置：聖杯騎士（水）
- 「實際狀況／環境」位置：教皇牌（土）
- 「結果」位置：權杖三（火）

在一家大型公司的命理社教學時，我幫他們上的課程是專門針對解牌技巧的加強。一般的塔羅牌義他們已經都研究過了，也有講義在手上可以參考。基本上，大家對塔羅牌的牌義不算陌生；也有些學員，在先前學習的過程中，已經養成要用正逆位的習慣，當然這不是問題，只是我要求大家先用不分正逆位的解法來看看牌在說些什麼，符合程度有多少？是否會比加入逆位解法還遜色？

一位已婚的懷孕學員，她提出的問題是：「我丈夫如果前往大陸發展，工作成果會如何？」抽到的牌：(1)「過去」——錢幣騎士；(2)「現在」——寶劍九；(3)「預期」——聖杯騎士；(4)「實際狀況／環境」——教皇；(5)「結果」——權杖三。基本上四大元素都到齊了，表示狀況大致上很理想。

女學員跟我說，其實她抽牌的時候，因爲習慣使然，不知不覺就用了正逆位抽法。我說沒關係，先不用告訴我哪幾張牌是逆位，我們先用不分正逆位的方式來解牌，說不定就可以從解讀過程中猜出她抽到的牌中有哪幾張是逆位的。

五張牌中，有四張都是一般公認的「好牌」，可以想見去大陸發展是還滿不錯的，尤其是「結果」位置的權杖三，顯示的是團體作戰的模式，加上「環境、狀況」位置是擁有許多具體資源的教皇牌，可見新公司開給他的條件，除了薪水令人滿意外，給予的尊重以及職位調整都有一定的程度。（女學員這時點頭說，大陸這間公司開出來的條件確實都令人滿意。）

我們可以看到在這副牌中，最明顯的問題出在「現在」位置的寶劍九，表示這位當事人現在心煩意亂、有點不知所措。吊詭的是，其他四張都是很穩定的好牌；而且寶劍九的風元素，還代表頭腦創造出來的煩惱，九代表到了極致，我們可以知道當事人的煩惱有多嚴重。

在牌圖故事性強的偉特牌當中，寶劍九畫的是一個從惡夢中驚醒且還沒從困擾中掙脫出來的人。不過仔細看看牌圖，會發現圖中這個人雖然痛苦萬分，但其實還好好地待在自己的床上，四周平靜，什麼事也沒發生。所以這張寶劍九的意思，應該不是來自於事情本身，而是因爲自己心中的考量或擔憂「預測中、還沒發生的事」。

到底是什麼事困擾當事人呢？我們可以從「預期」位置去找原因，預期就是代表「當事人認爲會發生的事或事情的走向，但不代表實際上的狀況」，這個位置出現的是聖杯騎士，這是水元素中帶著火元素的牌，水跟火兩者都是與情緒有關的元素，代表當事人煩惱的並不是前往大陸後的工作發展，而是跟內心情感有關。這部分就很好解了，因爲當事人有一個懷孕中的妻子，放心不下是很正常的。我問女學員：「他其實對於這個職位要負責的一切都已經相當有把握了，但從這張聖杯騎士及寶劍九來看，他最放心不下的應該是妳，或是與家人有關的其他事情。」女學員連忙說：「對對對！他很擔心我生產時他不在身邊，也很擔心他的父母年紀大，可能隨時需要子女的幫忙，怕我應付不來。」

那麼到底要不要前往大陸工作呢？我認爲「結果」的教皇牌，顯示出這個工作機會是很值得把握的。在這個案例中，「過去」這個位置，我會認爲是顯示當事人先前在工作上的狀況，這裡出現的是錢幣騎士牌。教皇牌與錢幣騎士牌都是土元素，代表過去的工作及未來的新工作之間有共同點：當事人是一個認眞、負責並被委以重任的人，工作很穩定，兩家公司應該都是基礎雄厚、也發展到一定規模的企業。

接下來，我們就可以從教皇牌與錢幣騎士的相異之處，來判斷出哪一份工作對當事人比較有利，而且好處在哪裡了。教皇是土元素，是一張象徵領袖的牌，擁有許多的資源以及跟隨者，應該是地位崇高又可在充足時間內推動自己的計畫。反觀錢幣騎士，雖然是一張對工作也很有利的牌，既有火又有土，看來是既穩定又很有發揮空間，但是考量當事人已經到了主管級的年齡，還要像錢幣騎士一樣靠自己累積所有的資源的話，就會顯得有點辛苦了；而且錢幣騎士是正在累積能量，如果是基層員工，前景就會很看好，但如果是主管級的人抽到這張牌，表示他有太多事都要扛在自己身上。因此我們可以推測，應該是公司的資源不足，或是下放給他的權力不夠多。

於是我對女學員說：「妳老公在原來的公司也做得很好、很受器重，但是他會考慮轉職的原因，可能是他的眼光都比公司快一步，想要推動事情卻很少得到公司援助，必須靠自己四處張羅；甚至還得花時間去教育老闆，他爲何要這樣做的原因。承受的壓力及無力感都會很重。」女學員馬上回答：「就是這樣，他擔負的責任很重，做得比公司要求得多，我覺得他的上司都沒有他那麼辛苦，他需要承受的壓力是來自多方面的。」最後的結論是，如果他前往大陸的新公司工作，所得到的資源及配合度都比原來的公司高。

所以錢幣騎士雖然在工作方面是一張好牌，但是跟教皇牌一比，就凸顯出其不足之處。因此我心裡猜，如果有逆位牌，應該就是這張錢幣騎士。後來女學員告訴我們，逆位牌有兩張，錢幣騎士果然就是其中之一；另一張是寶劍九，寶劍九的操煩與煎熬一旦成了逆位，影響力就沒那麼大了，正符合我們最後的結論，雖然當事人擔心家人的狀況，但是支持他去新工作的理由要比他留在原公司的理由大多了，所以寶劍九的干擾性也會減少，因而呈現出逆位狀況。

因此在我的方式中，逆位的牌義並非一張一張制定的，而是要綜觀整個牌陣的元素分布以及問題形態，甚至牌跟牌之間互相比對，才能求出一張牌的逆位意思。如果你夠熟悉四大元素，一張牌的吉凶自然難不倒你，逆位也就可以自由決定用或不用了。

牌陣解讀——【實例8】

「大十字」牌陣III

【實占前叮嚀】

這一次的案例同樣是一副大十字牌陣，但是因爲當事人認爲五張牌所呈現出的訊息不夠完整，因此另外再加上兩個位置的牌，呈現出她想看到的部分，就如同我強調過的：「牌陣是爲了方便用的。」沒有什麼神聖不可侵犯的原則，因此要加牌、減牌，或甚至自創牌陣，都沒有什麼不可以的。

這副牌很耐人尋味，因爲在數字上有非常強烈的一致性，讓人無法不注意，很多細節在單張牌義上看不出來，但整副牌一組織起來就非常明顯，可以對比我在課堂上常對學生說的：「如果你看到一整副牌，卻不知道從何解起，最好的辦法就是找出這副牌中，每一張牌

之間最大的共同點。」這個原則，不管套用在分析塔羅牌或者解讀占星命盤都可以適用。

問題

我的碩士班論文進行得不順利，想問是否需要換一個研究題目？

【抽出的牌陣】（不分正逆位）

- 「過去」位置：聖杯二（水）
- 「現在」位置：錢幣一（土）
- 「預期」位置：寶劍二（風）
- 「實際狀況／環境」位置；聖杯八（水）
- 「結果」位置：權杖二（火）

加牌部分：

「個人心態」：權杖一（火）

「建議」：錢幣侍者（土中之風）

這是在我的解牌實戰課程中，在課堂上被提出來的案例，案主學員爲了碩士論文已經傷腦筋很久了。她說她目前進行得很不順利，覺得無以爲繼，如果不換題目，可能就寫不下去了，但換了題目就表示前面的心血都白費了。因此她想要看看如果換了題目會不會順利一點，或者是到底該不該換論文題目。

這副牌很合我的胃口，基本上我認爲越複雜難解的牌，訊息就越多。我們先來看看這副牌的元素，雖然這副牌沒有「問題」這個位置，但案主已經表明她是「遇到困境」，我們就可以從「現在」及「實際狀況／環境」這兩個位置，來看看她遇到了什麼問題。

一般來說，寫論文需要決心及耐力，若能火元素與土元素同時共存最好。「現在」位置是錢幣一，土元素的性質不錯，但是錢幣一在「行動」上，代表的只是剛剛埋下一個開端，也就是「做好準備」而已，這實在不妙，因爲錢幣一從埋下種子到發芽成長到可以見到結果，需要一段很漫長的時間。我們都知道交論文一定有時間考量，於是我趕緊回頭看看第一張牌，也就是在「過去」位置的牌，如果過去是一張積極的火元素，那麼我們可以把這張錢幣一解釋爲「打下很好的基礎，可以繼續前進」；不過很不幸的，「過去」位置的牌是聖杯二，這張牌不但是消極的水元素，毫無行動力可言，而且其心態是樂觀、天眞、比較散漫、沒有企圖心，一切都自我感覺良好。由此可見，她之前有好一段時間一直沒有把論文這件事放在心上，或是總提不起勁來寫（更有可能的是忙著吃喝玩樂，依我對她的瞭解，應該八九不離十）。所以「現在」位置的錢幣一，表示她到現在才總算開始收心，正視要寫論文這件事情。

這時我問她：「過去的這張聖杯二，妳自己應該知道是什麼意思吧？」她很心虛地點頭，我說：「這樣看起來，妳好像都沒寫嘛！」她說：「我已經開始寫啦！只是寫得不多而已。」我說：「可是這個牌明明是才剛要開始啊！」搞了半天，原來她現在的進度是「擬好大綱了」。我又問她：「字數多少？」她露出虛虛的笑容回答：「兩……兩張A4紙。」大家哄笑聲還沒停止之前，她又心虛地辯稱：「就算只有大綱，那也是我的心血啊！大家別這樣嘛！」講完自己也笑了出來。我就說：「那何必抽牌問呢？既然只進行到大綱，要換題目隨時可以換嘛！妳沒有任何損失啊！」她還是堅持：「這個大綱我也想了很久，捨不得嘛！」雖然其實「結果」位置的權杖二已經說明一切了，不過我們還是順序看下去吧。

有開始總比沒開始好，既然已經收心了，我就想看看：那她是否堅持得下去呢？結果在「實際狀況／環境」位置上，出現了令人傻眼的聖杯八，這張牌代表「在經過長久的消耗之後，對目前的狀況感到厭煩、提不起勁，想要離開現況去找尋新目標」，剛好點出了她現在想要換題目的心態，不過我們從前面的聖杯二及錢幣一可以看出，她的論文才剛剛開始，連主文都還沒開始寫，就出現了厭倦心態，看來要把這個題目寫完是遙遙無期了。在「過去」、「現在」及「實際狀況」位置的這三張牌，都是沒有前進性的陰性元素，而且是散漫的水元素牌占了兩張，我想現在的這個題目還沒開始寫，就已經讓她覺得掌握不住了。

這時另一位同學舉手，說她看到這副牌中有一個特點：「為什麼出現的牌，不是一號牌就是二號牌呢？」我很高興地說：「很好，塔羅解牌師就是要這樣，必須對每一項元素都很敏感，數字的確是一個很重要的線索。這副牌中都出現1跟2，表示一切都還在剛起步階段，所以即使我們尚未細看每張牌的牌義，只從數字來看也可以看出這個論文根本還沒有進行到主要部分，數字1跟2都只是在『萌芽』的階段而已。」那麼唯一一張例外的聖杯八呢？數字8代表的是長久的累積，難道這張牌不具意義嗎？當然不是。因為聖杯牌本身代表的是水元素，所以就算8這個數字代表累積及長期性，但累積的也只是水元素，代表只是空想而非實際行動。案主也坦承，確實有很長一段時間，雖然還沒動筆，卻一直掛心這件事。另外還有一張宮廷牌——錢幣侍者，這張牌其實跟1、2號牌也有相同的含意，侍者牌是宮廷牌中年紀最小的，一切都剛剛起步、開始學習，同樣代表在萌芽階段。

最後一張的「結果」位置出現了權杖二，這張牌的意思很明顯，班上學員都可以一目了然：它代表二選一，加上火元素的「新生」及「積極」開創的特質，當然是要她選擇「換新的題目吧，反正舊的妳也寫不下去。」

至於她後面加抽的「個人心態牌」是權杖一，代表全新的企圖心，希望一切都煥然一新，且沒有任何包袱及負擔，考量先前聖杯八所暗示的心態，均表示案主已經煩這件事煩到想擺脫它，希望有個全新的開始。我問她：「妳現在已經看這個題目很不順眼了耶！甚至一看到就反感。」

她無奈地說：「對！」我說：「那妳不換題目也得換啊！不然怎麼可能寫得下去。新的題目才有辦法給妳新的刺激，讓妳的決心再度點燃。」她點頭說：「對！我就是這樣想的。」（那還在猶豫什麼呢？）

本來牌解到這裡，答案就已經差不多確定了，但是「建議」位置的錢幣侍者又引起了我的注意。錢幣侍者牌基本上是一張土元素牌，不太像是全面換新的意思，土元素代表「既有的基礎」，而侍者這個人物本身是風元素，代表「學習、規畫、整合與創意」，錢幣侍者是她最後一張抽到的牌。在我的邏輯裡，後面的牌義一定不能推翻前面的牌，所以如果錢幣侍者代表的風中之土這個含意是「在既有的基礎上學習」，而我們又不讓它推翻前面的「個人心態」權杖一，以及「結果」位置的權杖二這兩張牌所代表的創新含意，那歸納起來的意思就是「在既有的基礎上重整，詳細訂定新的步驟與範圍」。

所以我跟案主說：「我們建議妳換新的論文題目，但是新題目卻不能跟舊題目完全不相關。」我想了一下說：「如果原來的論文題目讓妳心煩，可能是它的範圍太大，所以光是資料整合就會讓妳手軟了。所以我建議妳要從舊的題目當中，擷取一個重點來探討，或是縮小規模，既不脫離妳原來已經準備的範圍，要解釋起來又不會太過龐大及繁雜。例如說，如果妳原先要討論的是『台灣百年來的變遷』，那就把它改成『台灣三十年來的變遷』，這樣找起資料來就會輕鬆多了。」她聽了興奮起來說：「我現在準備要做的，就是妳說的這種方式呢！」

原來她是要寫關於華語教學的探討，她原定的論文題目是「中華傳統的五行對於華語教學的影響」，但是表面上越簡單的東西，背後的學問越複雜，五行只有五個元素，但其奧妙是從相生相剋中變化出來的，光是這個部分恐怕就可以寫成一本書了；而且比較難用簡單易懂的方法讓人看出重點，五行易學難精，不到高手的程度，沒有辦法完整呈現出它的奧妙之處。因此她最近在考慮，要把論文題目改為「中華傳統文化的十二生肖對華語教學的影響」，十二生肖既簡單又易懂，沒有複雜的相互牽連，外國人又都很有興趣，這就是一個最容易切入的題目了。所以在解牌時，千萬不要怕遇到所謂前後矛盾的牌，牌如果不矛盾，你就沒辦法看出它的細節了。

國家圖書館出版品預行編目資料

藏在塔羅裡的占卜符碼 / 天空為限（翁子初）著. -- 初版.—臺北市：橡實文化，大雁文化出版：大雁文化發行，2011. 4
面； 公分
ISBN 978-986-6362-27-9（平裝）

1. 占卜

292.96 100006465

BM0018

藏在塔羅裡的占卜符碼

作　者　天空為限（翁子初）
責任編輯　于芝峰
特約主編　莊雪珠
版面設計　歐陽碧智
封面設計　黃聖文
封面繪圖　吳正順（Eyes Wu）

發 行 人　蘇拾平
總 編 輯　于芝峰
副總編輯　田哲榮
業務發行　王綬晨、邱紹溢、劉文雅
行銷企劃　陳詩婷
出　版　橡實文化 ACORN Publishing
231030 新北市新店區北新路三段 207-3 號 5 樓
電話：（02）8913-1005 傳真：（02）8913-1056
網址：www.acornbooks.com.tw
E-mail：acorn@andbooks.com.tw
發　行　大雁出版基地
231030 新北市新店區北新路三段 207-3 號 5 樓
電話：（02）8913-1005 傳真：（02）8913-1056
讀者服務信箱：andbooks@andbooks.com.tw
劃撥帳號：19983379 戶名：大雁文化事業股份有限公司

印　刷　中原造像股份有限公司
初版 1 刷　2011 年 4 月
初版 15 刷　2024 年 1 月
ISBN　978-986-6362-27-9
定價　280 元